让知识成为每个人的力量

香帅财富报告

分化时代的财富选择

APHRODITE WEALTH TRENDS VOL.2

香帅 —— 著

新 星 出 版 社 NEW STAR PRESS

献给

已经和即将成为未来一代父母的你们

前　言

按照我的计划，2020年的《香帅财富报告》应该是聚焦在"衣食住行"中的某一项，从行业、职业、资本市场几条线索去寻找转型期的"中国万元美金社会"的财富机会。直到2020年1月23日10点武汉封城，我意识到，2020年的中国会变得很不一样，也许一切计划都得重新来过。

但即使在当时，我也没有预料到，后面剧情会是这样的"全球化"，这样的跌宕起伏。整个2月和3月我基本上都自动隔离在北京北五环外的斗室里读文献、看数据，以及不停地通过手机屏幕感受世界的巨大波动。也许身体越是处在禁锢中，思维会越发散活跃吧，读了两个多月书，跑了两个多月的数据，3月底第一次组会时，"分化"这个词突然涌现出来，像一道闪电一样将之前很多的困惑都照亮了。

我突然意识到，这十多年从个体到社会，全世界经历的很多变化，背后都有相连的逻辑线索可循。

个人生活越来越从线下到线上，物理空间和网络世界的边界被模糊，商业模式上数字平台一骑绝尘，巨头们纷纷跨界往帝国方向演进。一次次的货币宽松政策下，全球资金四处寻找机会，对"技术故事"趋之若鹜，不断创造着造富神话和泡沫。站在潮水的这一侧，只觉得这是镀金时代，空气中充满了增长和财富的荷尔蒙；但站在另一侧，其实还有一个沉默的、锈蚀的巨大群体——只能在资产泡沫中作壁上观的普通家庭，在技术进步中被迭代、被下沉的普通劳动力，他们成了镀金时代里的青铜黑铁。从占领华尔街运动，特朗普"意外"上台，到忽然间死灰复燃的白人至上主义暴乱，其实都是这个锈蚀群体持续酝酿的愤懑、质疑和挑战。

世界正在经历一场从增长到分配的话语转变。2020年，只是这个转变被显性化的拐点而已。

其实仔细想，增长和分配从来都是人类社会最重要的两大议题，只不过在不同历史阶段，这两大议题会有不同的权重而已：普遍高增长时期，增长占据主导；而经济越停滞缓慢，分配越成为社会的关注焦点。

第二次世界大战之后，人类社会经历了长时间的和平，加速的技术进步，以及更加制衡的权力结构，使得大量的普通家庭在衣食住行方面都发生了实质性的变化，切切实实感受到了增长的裨益。

但从20世纪七八十年代开始，几股历史的浪潮开始逐步改变了这种"普惠式"的增长路径。信息化和数字化是更具"马太效应"的技术进步，它们改变了企业的组织模式和增长路径，也改变了劳动力市场结构，收入和财富都更加快速地向精英层倾斜，代表传统"中产"的技术蓝领和普通白领则普遍受损。再加上这个阶段的社会思潮普遍更关注效率，税收、反垄断、最低工资、医疗服务等政策领域都倾向于强者，助推了分化的力度和速度。此外，随着利率下行趋势的确立，全球经济的全面金融化，巨大的资金杠杆效应将"钱生钱"的逻辑发挥到极致——城市、国家和增长的头部化，生活环境、职业尊严、代际阶层的极化，开始日益成为这个时代隐藏的伤口。

2008年的全球金融危机是这个伤口恶化的拐点。这之后，不少有洞察力的学者都前瞻性地预见到了"分配"将成为下个阶段最重大的命题。只不过在一般情况下，历史总是要经历长期的侵蚀，缓慢的冲刷和蓄势，才会显露峥嵘。而2020年，疫情这一极端的方式将伤口赤裸了出来。

对年轻世代的中国人来说，这些话题可能还有点陌生。毕竟这几代中国人对"增长"的感受太刻骨铭心。我们几乎在40年时间里浓缩了从农业社会、工业社会、信息社会到智能社会的演进路程，人均收入上涨了105倍，饥肠辘辘的记忆变成了天天担心高血脂的现实。高增长的年代，人们铆足了劲追求增量，到处寻找机会，想把自己的蛋糕做大。曾经处于整体性快速上升通道的我们，以为繁荣的低垂之果永远俯拾皆是。很少有人意识到社会的"分配机制"会对自己的生活造成巨大影响。

但历史前行的轨迹从来不会因为个体过去的经历而停止。2020年，作为全球第二大经济体，我们和世界处在同一频道里，世界的所有伤口都会在我们的身体上呈现。

从2月到8月，我和团队在数据、文献和十多个城市上百位各行业、各阶层的访谈者中来回穿梭，思考。9月整理出40多万字的资料，将各个章节的内容做了基本安排，决定从"分化"这个现实动笔，一直写到"选择"——这也是一个研究者在困惑挣扎之后的"选择"，在分化的国家、城市、职业、行业、资产世界里，去挖掘那些内在的逻辑规律，并将它们呈现出来。

——世界分化的基本驱动力是什么？中国的分化有没有自己的特征和趋势？

——如果数字化造就了一个分化的"摩登时代"，那有没有路径能帮助我们推开世界的门？

——如果金融深化的负利率时代造就了一个分化的、高波动的资本市场，那有没有路径可以趋利避害？

10月初，北京秋意渐浓，2岁多的儿子糖君晨起，活力无穷：捏碎饼干撒在我电脑上，将帽子塞进蒸锅，打翻杯子，将咖啡粉铺在地上，将皮球一个个不厌其烦地塞入垃圾桶。特地早起码字的我实不堪虐，遂展开谈判：

"宝宝，别跟妈妈捣蛋好不？妈忙死了！"

"妈妈在忙什么？"

"妈妈在写书，今年的新书。"

"写什么的？"

"写很重要的事，很多叔叔阿姨在等。"

他沉默片刻，下定决心，说"我来写！"

"呃……你不认字呀，你先识字，以后写好不？"

他悻悻地打算走开，又转回，说"妈妈，那记得这本书要送给我。"

我答应下来，他满意了，笑起来，眼睛弯弯的，一扭一扭从我身边跑开。我注视着他小小的背影，再收回眼光，看着桌前的电脑，忽然想起了过去10年中的很多选择：回国与否，去北大与否，买房与否，做自媒体与否，开设线上课程与否，放弃体制内与否……任何一个选择都可能通向另一种人生，当然，也包括糖君的人生。

每个大时代中都有无数小转折。对于普通个体和家庭而言，最重要的莫过于看清并顺应潮水的方向，在每个当下，一次次做对的选择。所有当下选择的乘积，才是未来。

何帆老师曾在《变量》的扉页上写过"献给未来的一代"——历史的变量属于未来的一代。但是，他们（她们）未来的起点，终究会被我们现在的选择所决定。

　　所以，请允许我将这本主题为"分化和选择"的书，献给你们——已经和即将成为未来一代父母的你们。

目 录

CONTENTS

第一章

历史的加速器　001

- 一群肥肥的黑天鹅
- 刘春飞和刘春雨的故事
- 关于城市、户口、房子和文凭的事
- 选择：每朵乌云都镶着金边

第二章

当冰山浮出水面　023

- 疫情下的伤口
- 失效的库兹涅茨曲线
- 不平等是宿命还是诅咒
- 大人，时代变了
- 税收和房产：各自的救赎
- 看不懂的中国：公共财富的两面性

第三章

数字摩登时代　　　071

- 2020 年的赢家
- 谁被困在系统中
- 数字化：从抽象化、标准化到智能化
- 偏向性技术进步与劳动力市场极化
- 中国禀赋：覆巢之下，偶有完卵？

第四章

推开世界的门　　　111

- 从蛹化到蜕变
- 以数字化为背景，回到根本需求
- 路径选择与工具化：提供数字化的基础设施
- 回到最重要的事：提供好的产品
- 你必须独特稀有，才能对抗规模化

第五章

特斯拉叙事　　　141

- 是模型和市场错了吗？
- 叙事的力量
- 特斯拉：从叙事到信仰
- 负利率：金融资本的衰落
- 增长分化：数字化是一种信仰

- 特斯拉叙事：数字化新物种

- 叙事狂欢：来自星星的马斯克

- 消失的规模溢价和价值溢价

第六章

基金是白衣骑士吗？　　183

- 钱到哪里去

- 美国共同基金往事

- 2020 年是我国基金业的拐点

- 基金就像一个经济适用男？

- 中国公募基金为大家赚到钱了吗？

- 长大以后

- 基金选择中的幻觉

- 从王亚伟到张坤：投资逻辑

尾 声

敬你　　223

后 记

穿越幽暗峡谷

致 谢

第一章

历史的加速器

宝贝，看看远处，月亮从旷野上升起

求你再抱紧我，我感觉冷，我感觉疼

你看，车辆穿梭，就像在寻找什么，他们就像我们的命运

哦，别哭，亲爱的人，我们要坚强，我们要微笑

因为无论我们怎样，我们永远是这美丽世界的孤儿

——汪峰《美丽世界的孤儿》

一群肥肥的黑天鹅

2020年4月21日，早上醒来，我迷迷糊糊抓起手机，屏幕显示信息爆满。点进去一看，浑身一个激灵，噌地从床上跳起来。北京时间4月21日凌晨2点30分，美国WTI05原油期货合约[1]在最后交易时刻，价格暴跌到-40.32美元/桶——意思是卖出一桶石油，除了油以外，还得倒找给买家40多美元。全球市场的交易员们都紧张地屏住呼吸，注视着这"历史性的一幕"。作为"吃瓜群众"，我忍不住发了个朋友圈：

"每天早上醒来，没有两三只肥肥的黑天鹅，那都不叫2020。"

1　WTI05原油期货合约即美国西得克萨斯轻质原油5月期货合约。

2020年的"历史性的一幕"实在应接不暇。开年就是百年来最严重的疫情，全球不断创出新高的确诊和死亡数字，接着是几代人都没有见过的"全球隔离"——整个世界像被魔法杖点了一样，被冻结了，半个世纪以来一直快进的镜头忽然变成了慢镜头，灾难片的末世情景活生生地出现在眼前；然后是巴菲特老爷子活了89年从没见过的一连串熔断，金融市场陷入集体恐慌；再接下来就是全球央行史无前例地"放水"（向市场投放资金的流动性），大水过处，和哀鸿遍野的投资消费就业市场形成鲜明对比，纳斯达克启动了金融市场狂欢的节奏。原油市场的大瓜还惊魂未定，一股不安定的气氛开始从卫生健康领域和金融市场向各个领域蔓延渗透。疫情中失业的黑人中年男子乔治·弗洛伊德（George Floyd）因警察暴力执法死亡——这一事件扇动的蝴蝶翅膀演变成了美国大选之年社群、党派、种族和世代割裂的红灯。特朗普反"美国传统精英政治"的各种言论，对中国的各种极限施压，全球化似乎有要被逆转的趋势……

停滞、不安和困惑成了2020年的主语。

对于我们这几代在"增长""全球化""和平"的语境下长大的人来说，这一年是极度陌生的。用金融术语表达，这一切都是"异象"（anomaly）。但是当我在文献和数据里摸索了几个月后，我隐隐意识到，我们正在经历的一切"异象"，其实只是历史演化的结果。这场疫情也许只是历史的一场熔断，将海平面下的冰山推出了水面而已。

这座冰山的名字叫"分化",而在它浮出水面之前,暗流已经在海底涌动近三十年了。

第一个暗流是劳动力市场和收入分化,它的背后是曾被人类社会最寄予厚望的数字化技术进步。从20世纪80年代开始,随着个人电脑和互联网技术的应用突破,数字化技术开始缓慢渗入我们的生活。数字化带来了效率的提高,促进了经济的增长繁荣,但是也将曾经的中产职业推向谷底:除了流水线操作工等传统蓝领职业,文本、数据处理类有固定步骤的"可编码型工作"也逐渐被自动化程序替代。行政文员、秘书、会计、保险理赔师这些曾经令人艳羡的传统白领所面对的职业前景开始变得越来越黯淡。伴随这个趋势出现的,是美国纺锤形劳动力市场被杠铃式劳动力市场取代:中等技能和中等收入的岗位大幅缩减,其中大部分劳动者只能下沉到数量庞大但是收入极低的低端岗位,极少数则上升到收入快速上涨的高技能工作岗位——劳动力市场呈现出K型模式,劳动者要么艰难地挤到上坡路,要么滑入下行通道。"缓冲层"消失,两极之间渐行渐远,日渐隔阂。

到21世纪第一个10年结束时,以智能手机、社交媒体、移动支付几种技术应用叠加为分水岭,旧世界开始被更快速迭代。人们的生活开始全方位线上化,海量高频数据以超乎想象的速度积累,人类开始进入数字化的新阶段,数据智能时代。随着数据逐渐成为必要生产要素,拥有数字资产的公司的效率会更高，成本更低，规模和网络效应也更显著，数字时代的"分化"开始趋向"极化"，绝大部分增长都越来越集中在数字科技头部企业中。

这场疫情助推了一把已经在快车道上的数字化进程：大型科技公司员工以及高薪专业人士已经适应"疫情经济"，比以前过得更滋润。数字巨头们的个人财富都暴涨几百亿美元，程序员们的年薪直接跳到15万美元以上。而餐饮服务业等年收入低于2.7万美元的人力密集型低薪岗位却已流失20%。更多的美国普通人则切切实实感到了"入不敷出"的压力。美国皮尤研究中心的报告显示，疫情冲击下，美国1/4的成年人在支付账单时遇到了困难，1/3的人动用了储蓄或退休账户维持生计，1/6的人向亲友借钱或依靠食品救济度日。

近100年来，"上升"和"下沉"分流的速度和力度从来没有像今天这样令人昏眩过。

第二个暗流则是负利率和财富分化，它的背后是近代以来经济繁荣的最大引擎——信用货币和金融深化。自从布雷顿森林体系崩塌，主权货币脱离了贵金属的约束后，各国运用货币工具进行"逆周期调控"的操作都日渐娴熟。20世纪90年代，汇率危机、股市崩溃、亚洲金融危机以及严重的通缩在世界各国此起彼伏，货币政策宽松成为趋势。尤其在2000年以后，互联网泡沫破裂，次贷危机、欧债危机后，各国均大规模的量化宽松，全球的长期资金价格一直在快速下行的通道中。日本在

2000年初步入零利率时代，欧债危机之后，瑞典央行也开启了负利率时代。随后几年，欧洲央行、日本央行也陆续采取了负利率政策。美联储为应付2008年金融危机实施三轮量化宽松货币政策，也一度将联邦基准利率降为零。

利率下行是财富分化的巨大驱动：普遍的利率下行意味着资产价格中枢[1]的整体上升，会让那些拥有存量资产人群的财富增值保值，同时也让这些有"信用"的人群更容易通过信用扩张完成"钱生钱"的过程。相反，没有存量资产，缺乏信贷能力的人群则被甩下列车。

2020年，面对"21世纪最大疫情"的肆虐，全球都放水救急，利率水平已经降至人类有史以来的最低水平。零利率和负利率的时代意味着资产价格的继续上升和波动。资本市场上，茅台、特斯拉、苹果股价的暴涨都不过是这个时代的注脚而已。法国著名经济学家托马斯·皮凯蒂（Thomas Piketty）说过，资本回报率超过经济增长率越多，人群的财富分化就会越趋严重。更重要的是，资产价格的上行从来不是雨露均沾的，而是强者恒强、分化加剧的：2020年年初到10月初（10月7日），标普500中的五家头部数字平台——亚马逊、谷歌、苹果、微软、脸书，股票价格平均上涨40.36%，而其余495家企业股票平均只涨了0.44%。资产价格的上行和分化，也将让财富的分流持续和

1　资产价格中枢可以简单理解为"平均资产价格"。资产价格为未来现金流的现值，利率下行带来贴现因子下降，后果是资产现金流现值的平均水平（资产价格中枢）上移。

加速下去。

2020年会被记住，不仅仅是因为几代人未曾遇见的疫情，更是因为几代人从未遭遇过的被熔断的历史。疫情终将过去，但是历史的熔断不会。分化的冰山会将我们带入一个不一样的地质年代。大到国家，小到企业、个体，都将面对这地质板块变动的冲击。

为了弄清楚中国在这个地质板块中的位置，从2020年6月上旬开始，我从北京出发，开始了一场长达两个月的"中国之旅"：北京，上海，杭州，深圳，长沙，还有长三角和珠三角的一长串小城。从街头小店到出租车，从食肆酒坊到学院机构，从城中村到摩天大厦，从寺庙到夜店，从阿里到腾讯，从万科到华为，从北京峰瑞资本到上海国盛资本，从潮汕客家的民间融资大佬、工厂蓝领、外卖小哥、美容师，到小老板、IT新贵、新老银行家，以及形形色色的体制内精英……这一路走来，基本将中国的多种有生力量都感受了一遍：国有大金融资本、民间资本、民营经济、实体经济、创新经济、科技巨头、房地产、制造业……像电影片段一样被浓缩在这场跨越大半个中国的行程中。

我意识到，现实经济世界里，"中国"是一个过于抽象的概念。每个区域，每个城市，每个行业、企业，甚至每个人所感受的中国都是不一样的。中国经济的复杂程度远比我们想象得要深，而且快速发展中的浓缩度也远比我们了解得要高。这对于研究者是坏消息，因为你无法得到一个同质性的统一答案；但是对于生命体而言，这可能是好消息，因为你可以以各种形态在这个生态中找到自己的生存方式，活下来。

复杂性和多样性会带来更多的生机，会在分化中寻找选择的机会——田野调研中的体会多少缓解了我在文献和数据中感受到的焦虑。从宏大叙事的角度，这可能已经足够了，但是对于普通人的生活来说，那些分化的岔路和选择的机会在哪里可能是更关己的命题。所以在宏观数据、文献和田野调查告一段落后，我们决定做一个长期的调研计划，聚焦在每年影响普通家庭财富分化的因素上，去找到选择的路径。

2020年9月底，我们团队和得到App一起做了第一次"香帅财富基因调查"，一共42个问题。两周之内，有21588名得到用户参与了这次调查。整理数据时，我诧异地看到，所有的数据就像一张唱片，反复说着一个分化和选择的故事。

刘春飞和刘春雨的故事[1]

2020年7月11日早上，刘春飞在上海长宁区一套110平方米的房子里醒来，突然意识到自己整整36岁了。

湖南衡阳农村娃刘春飞是"农二代"中靠读书完成"鲤鱼跃龙门"的典型：以县城第三名的成绩考上华东师大经济系，一路读到硕士。2009年毕业的时候，思前想后还是报了国考，

1　为了保护访谈者隐私已隐去了真实姓名和单位。

进了体制内，在上海某个区税务局找了份四平八稳的工作，拿了上海户口。太太是他华东师大的同学，硕士毕业后，在中学当生物老师。2013年年底孩子出生后，两人咬咬牙，买了这套长宁的学区房。回头看，这些年也算波澜不惊，风调雨顺。就算是乱哄哄的2020年，除了春节后一个多月有些不安，女儿和太太放了个长假，自己刷新闻时间更多了点外，好像生活也没什么差异。

实在要说不同，就是2015年被套住的基金涨回来了。刘春飞忍不住手痒，又进了股市，7月份以来，股市大涨，他还用股市里赚的钱给太太买了个她想了很久的Gucci（古驰）超迷你酒神包，一直反对自己炒股的太太见状只嘟囔了几句就不再吱声了。

正在胡思乱想时，手机震动了好几下，是房产中介的微信连环call，问这套房子是不是出售，有客户愿意高价急购。虽然没有出售意愿，刘春飞还是下意识注意了一下报价，1170万，这样的价格让他有点晕眩。他记得大概去年年底时，这个数字还是1050万。尽管到这十里洋场的大上海快20年了，早明白"有钱"是个完全超出自己想象力的概念，但对于一个湖南村里长大的80后来说，看到自己的财产达到8位数，体验还是蛮魔幻的。

电话又响了，是弟弟刘春雨打来的。弟弟比刘春飞小3岁，和大多数湖南农村孩子一样，刘春雨高中还没毕业就去东莞打工，当过商场保安，送过快递，也在沙发厂干过，早早结婚生了孩子。这些年弟妹身体不太好，在家开了间小卖店，赚个三四千块钱补贴家用，顺便照顾两个孩子，弟弟在东莞一家做精密仪器的厂里打工，月薪8500元左右，日子不宽裕但还过得去。今年春节后，全国隔离，人都出不去，眼看着钱只出不进，刘春雨心急如焚。3月初南方一解禁，刘春雨赶紧买了回东莞的车票，想着加大加班的力度，把前几个月的经济损失补回来。结果，随着海外疫情扩散，3月下旬订单纷纷推迟。刘春雨只能在宿舍里靠刷抖音混日子。到3月底，公司最重要的客户Fossil（美国专注于时尚配件的品牌）全面停止下单，工厂开工基本成了泡影，全员放假3个月。刘春雨只能又回了老家。这一待又是一个多月，老婆的小卖店受疫情影响，收入差不多打了对折，家里整个就是坐吃山空的状态。怕老婆担心，刘春雨悄悄借了点现金贷，想着开工以后再慢慢还。5月下旬，刘春雨看来看去，发现只有外卖骑手这活儿挣得比较多，于是又跑去长沙开始送外卖。

这是2020年7月11日下午3点，在浦东花木路一家咖啡馆里，36岁的刘春飞跟我讲的故事。刘春飞转动着手里的杯子，神态有点萧瑟。他告诉我，这大半年折腾下来，弟弟家里收入下降还蛮明显的，他私下里塞了2万块钱给弟弟，让他去把现金贷还了。但是说实话，自己和太太正在打算要第二胎，再加上房贷、车贷、人情消费、女儿的各种补习费用，像他夫妻俩这样算是精英层的"上海中产"，手里活钱也并不多，更不敢不未雨绸缪，好好储蓄。

放下杯子，刘春飞看着我，一字一顿地说："香帅老师，我们这些人，幸好有高考。"

我明白他的意思。在出国念博士期间，我开始接触到一些农村出来的男生，他们的人生轨迹大同小异：因为某些自己也不知道的原因，特别会念书，永远是村里镇上中小学的第一名，到县城里念高中，然后以县状元、地区状元，甚至省状元的成绩考上了清华、北大、复旦、交大等名校，然后出国，硕士或者博士毕业后都会找到一份很不错的工作，走向人生赢家的道路。喝酒聚会时，我们也会浅浅地聊起遥远的童年往事。然后我发现，关于年代我们有着完全不一样的记忆。大部分农村出来的娃表示童年不可能整年吃白面或者米饭，而是以玉米面和红薯为主；有的人只有过年才能吃到苹果；有的人家里甚至到2000年才用上了自来水，大学假期回家还要帮着妈妈从井轱辘里面吊水……有次回国和一个已经是国企高管的兄弟吃饭，窗外有个满脸风尘的农民工在搬砖，一身Zegna（杰尼亚）西装的他沉默了半天，指着窗外跟我说，"我能坐在这里有一点点偶然和侥幸，稍不留神，我的命运也会变得不一样。"

当年象牙塔里的我不太懂。后来回国，研究城市，研究经济增长，慢慢地开始懂了。

关于城市、户口、房子和文凭的事

"香帅财富基因调查"的结果，就像"刘春飞和刘春雨"故事的数据版。参加调研的两万多人的平均年龄是35.3岁。实际上差不多有一半的人都在31—40岁之间，刘春飞和刘春雨也正好处在这个年龄段：上有老，下有小，容不得不拼，事业、财富、家庭分化的路径已经开始变得明显。

和我们之前估算的接近，财富排在前10%的家庭的总资产（包括房产、存款、股票等投资品）在1200万左右，其中房产平均900多万，金融资产200多万——按照这个标准，农村娃刘春飞已经迈入了前10%家庭的行列，也就是俗称的精英层行列；排在中间50%—90%的家庭的总资产是400多万；后10%的家庭的资产则只有11万。一头一尾两个群体的资产差距是100多倍[1]。而刘春飞的弟弟刘春雨，大概处在后1/4的位置上。

一母所生的同胞两兄弟，短短20年后，财富相差几十倍。这听上去像一个"教育改变命运"的励志故事，但如果仔细追本溯源下去就会发现，故事的真实版本要复杂得多。

从数据上看，户口的不同种类是造成家庭财富差距的主要原因之一。城市户口和农村户口家庭财富相差3倍。而城市家庭财富随着城市规模的缩小呈现出单调下降的趋势：京沪户口家

---

[1] 从理论上来说，这个差值是被低估的。因为得到用户在圈子里有"高净值客户"的美誉，底层样本不具备典型性，而参与我们调查的用户年龄又偏小，很多累积了大量财富的50后、60后可能被漏算，顶层富豪更是没有被列入样本。

庭财富平均值是794万，广深户口家庭财富平均值是619万，包括成都、南京、武汉在内的二线核心城市户口家庭财富平均值约为337万。[1]这意味着，一般来说，拥有"京沪户口"的家庭，财富水平就会处在前20%的位置，农村户口的家庭，财富水平自然会进入后30%的行列。

这样的数据很容易解读出"我命由天不由我"的悲伤剧情。但如果仔细审视，我们会发现数字里藏着关于"城市和房产选择"的许多细节。

数据显示房产占家庭总资产的81%左右，学界业界各种口径调研也都将房产占家庭财富70%左右作为基本共识。[2]考虑到房产在中国家庭总资产中这样的超大比重，基本可以断定，上面的"户口溢价"是不同城市的房价差距，以及城市房价与农村宅基地价格的差价导致的。如果一个人拥有一线城市户口，却没有或者没有能力购买一线城市的房产，平均而言，他（她）的家庭财富会下降557万。反之，一个农村户口的人如果购买了二线核心以上城市的房产，他（她）的家庭财富则迅速上升到441万，比其他农村户口家庭高出3倍。同样的，选择大城市的

---

1 核心二线城市的定义和名单请参考香帅：《钱从哪里来》，中信出版社2020年版，第四章。
2 中国人民银行调查统计司于2019年10月中下旬在全国30个省（自治区、直辖市）对3万余户城镇居民家庭开展的资产负债情况调查发现，城镇居民家庭户均总资产317.9万元，家庭资产以实物资产为主，住房占比近七成。2016年西南财经大学《中国家庭金融资产配置风险报告》调研了3万多户城乡家庭，发现中国家庭总资产中房产占比在2013年和2015年分别为62.3%和65.3%。经济日报社中国经济趋势研究院编制的《中国家庭财富调查报告（2017）》中，基于24个省份共36000户家庭的入户访问调查数据，发现在城镇和农村家庭的人均财富中，房产净值的比重分别为68.68%和55.08%。

人群，财富水平也更高。一个三线及以下城市户口的人，如果在一二线城市定居，那么平均财富水平为378万，如果他到四线及以下城市定居，财富水平会降至236万元。

那教育有什么作用吗？有的，**教育可以改变户口属性**。对于大部分人来说，硕士博士是进入大城市的敲门砖。数据告诉我们，硕博人口拥有一线城市户口的比例是35%，如果是985大学的硕士博士，这个比例可以上升到45.7%。而高中及以下学历人群的这个比例是5.2%。与此相反，农村户口人群中，硕士博士比例不足3%，而本科以下人口中，农村户口人群占了几乎一半。

换句话说，**教育确实改变命运，但是通过改变户口属性，以及城市和房产的选择来实现**。比如说一线城市的学历溢价就更高。2020年疫情中清华北大毕业生的收入损失仅有0.4%，而非985、211毕业生的收入损失则达到5.6%；但是，到了三线城市，这一规律消失甚至反转，回到三线城市的清华北大毕业生收入损失达到6.3%，与非985、211毕业生的6.6%基本持平。同时，在二线核心及以上城市买房的清华北大毕业生，平均财富水平达到932万，而没买房的或在三线及以下城市的清华北大毕业生，平均财富水平仅为384万。**这意味着，一个人一旦在城市和房产的决策上没有顺势而为、顺水推舟，教育的财富溢价就会被消耗大半**。

站在2020年，回看前面30年，中国家庭财富版图可以浓缩成一个词"**城市**"。城市化是中国财富增长的方舟，城市分化是财富大面积分化的起点。教育是实现财富重新分配的路径，其中户口是钥匙，房产是载体。翻译成有行动指南意义的大白话就是：一个中国人的财富方程式是——**所在城市越大越好，买房越早越好，学历越高越好，如果没有所在城市的户口，那就加个根号**。[1]

教育和户口，城市和房产，每一步的选择和被选择都指向不同的路径。刘春飞和刘春雨，只不过是这个历史分流中的两滴水而已。

选择：每朵乌云都镶着金边

2020年疫情后，这些财富增长和分化的路径大概率不会有太多变化，但是出现了新的细节，每个细节都指向选择的机会。

第一个选择叫作"书中自有黄金屋"。太阳底下没有新鲜事，古老的谚语总是以新的模样出现在时间的河流里。数据显示，教育是财富的减震器。教育程度越高，疫情中收入受到的负向影响越小：高中及以下学历人群收入平均减少15%，1/3的人反映失业或者收入大幅下降；而硕博学位的受访者收入平均减少2.9%，仅有6%的受访者工作受到较大冲击。而且，名校毕业生的收入损失更小，清华北大毕业生和其他985高校毕业生的收入损失分别是1%和1.6%，211高校毕业生的收入损失则是

---

[1] 这个公式得益于中央党校郭强教授的精辟总结。

3.8%。

医疗行业、互联网行业、学校科研机构、政府机关等知识密集型行业是疫情中最抗冲击的行业。在互联网行业内部，疫情期间学历和工资上涨概率呈线性正相关关系：硕博学位的互联网从业者中有33%的人工资增加了，这一比例在高中/中专/技校毕业的互联网从业者中下降了一大半。即使在分化较为严重的制造业，疫情期间博士学位从业者工资平均还增长了6.2%，而高中/中专/技校毕业从业者的收入则下降10.3%。

高学历的溢价，一定程度上是由进入体制内和选择大城市等因素解释的。 在博士受访者中，有56.6%的人进入了体制内的部门，而初中及以下学历的仅有2.19%；博士人群中有47%生活在了一线城市，而高中及以下学历人群，生活在一线城市的比例不到20%——这些数据，很好地解释了疫情后的很多经济现象。比如说城市房价的分化上涨，二手房的价格指数显示2020年前3季度，北上广深杭成六大城市房价平均涨幅7.3%，中小城市平均涨幅只有1.3%。还有国考一片火热，超过150万人报名，和去年同期相比增加11万余人。

但是，要注意一个现象，在职业选择上，"体制内"虽然显示了高度的稳定性，但是和金融资产"风险—收益"匹配的原则吻合，体制内的从业者财富水平处于排名的中间层。政府、党群、机关、社会团体就业者的平均财富是383万，而医疗行业、房地产行业、互联网行业的体制外就业人员的平均财富均超过了400万。金融行业体制外就业者平均财富更高达488万。在大城市，这一现象更显著。例如，硕博人群中，一线城市体制外金融行业与党政机关就业者的财富水平之比为1.24∶1。而在三线城市，这两个行业财富之比下降至1.18∶1。这也意味着，在大城市的市场上打拼，更容易实现财富跃迁。

第二个选择叫作"位置决定命运"。在2019年的财富报告中，我们反复强调一个人所站的位置决定了他的生产效率、收入以及福祉。[1]人们投入到财富创造过程中的多个生产要素，其实都是与城市、区位密切绑定的。能拥有这些地方的房产固然很好，但是即使暂时不能拥有房产，这个"位置"也为普通人提供了更多的机会：在疫情冲击下的2020年，我们看到"所在的位置"是一个人工作收入受损与否的决定性因素之一。

数据显示，位置越好的区县，工作受损的比例越低。所谓位置越好，指的是区县的人口、经济、基础设施综合指标好。我们基于这三大维度，用14个细分小项测算了各个区县的综合得分，据此来判断位置好坏。比如人口维度考虑了区县的人口密度、人口平均学历、外来人口占比等指标，基础设施维度考虑了区县的商圈、医院、学校、金融机构等基础设施数量及便利度。在受访的人群中，位置越好的区县的人，疫情之下工作受损的比例越低。同样在一线城市，位于上海市黄浦区、虹口区、静安区，北京市海淀区、西城区这些区县的人群，大约有

1　具体讨论请参考香帅：《钱从哪里来》，中信出版社2020年版，第三章和第四章。

20%的人工作受损；而位于上海市松江区、嘉定区，北京市顺义区、通州区这些区县的人群，则有超过40%的人工作不同程度受损。"位置"的选择是工作和收入的核心变量，而且更会影响到未来的路径。

即使对于农村户口和低学历人群，位置的选择仍然至关重要。2020年，在低收入农村户口群体的工作和收入普遍受损的情况下，一些综合得分高、位置好的区县，反而因为相当的人口和市场规模、较完善的基础设施、精细的城市管理等，让低收入农村户口群体受到的冲击更少——在厦门市思明区、郑州市中原区、宁波市鄞州区、武汉市洪山区、佛山市南海区、温州市鹿城区等这些二三线城市中的"优秀"区县中，农村户口人群反而获得了更多的机会、更高的收入和更好的抗风险能力，处在这些位置的农村户口人群中，不仅收入受损人群占比更低，收入增长的比例也远远高于其他地区。

第三个选择叫作"金融认知溢价"。2020年疫情后家庭财富变化的一个最重要途径就是"金融投资"。一个显著的现象是低收入群体动用存款消费，高收入群体则动用存款买房产和配置基金。2020年前3季度，资产规模前10%的人群中，超过20%的人取存款买房，57%的人增配股票、基金等金融资产。而资产规模最低的10%的人群却刚好相反，接近70%的大多数人动用了存款用于生活消费。这个举动的结果是，超过40%的高金融资产家庭房产和股票双升值，家庭财富平均增长超过40万元。

中等资产家庭通过房产或者股票升值获得的财富增长比例大约为63%，平均增长了近12万，而低资产家庭则几乎没有能从资产价格上涨中受益。

但信息时代的一个优势是，学校不是教育和认知的唯一出口，而认知在金融投资中占有相当的影响力。比如说，对金融信息极其关注的群体，平均资产规模为524.6万，而不关注的群体资产规模只有207.4万，相差了317.2万。即使在控制了学历、行业等各种因素后，"金融知识"和"金融认知"仍然在投资回报上有显著作用：对金融信息极其关注的群体，今年投资收入提高了7.2%，而不关注、很少关注的群体，今年投资收入分别下降了4.9%和5.5%。

2020年1—9月，在中国房地产市场上，有房一族今年房子平均增值了8.08万。70个代表性城市中46城上涨，平均涨幅4.7%。[1]中国市场上7805只基金（非货币和非QDII基金）的平均回报为18.65%，绝大部分基金回报为正，其中63%的基金回报超过5%。

换言之，不管你现在的家庭财富处于前10%还是后10%，不管你是工人、农民还是公务员、企业主，不管你是制造业还是IT行业，2020年假如你投资了基金市场，还持有了部分城市的房子，那你今年大概率会获得不错的资本性增值收入。即使

1　2020年房价分化加剧，以70城房价为例，29城房价增速小于1%（其中24城房价增速小于0%），24城房价增速在2%—5%之间，17城房价增速大于5%。

自身没有从事高增速、高成长、高知识密度的行业，但仍然有机会投资于这些行业的头部公司，让专业人员帮助你进行投资，共享创新前沿的增长红利。

尤其需要强调的是，在金融投资上，学历不等于认知。对于非专业普通人来说，除了像传说中的神兽一样缥缈的民间股神外，其实大家投基金、投房子的业绩都差不多。虽然我们前面反复提及教育水平能够提高劳动性收入，增加收入的抗冲击能力，但**教育水平对于投资业绩的贡献率真的微乎其微**——我们调研的持有10万—50万市值的股票及基金的人群中，硕博人群的投资业绩整体不如本科人群。持有200万—500万市值的股票及基金的人群中，博士人群的投资业绩最差。我身边北大的一个经济学博士就是其中典型——2019年因为工作出色拿到100万的年终奖，居然在2020年的股票市场一把梭，亏了一半。

是啊，生活就像一个通关游戏。尤其在这样一个充满困惑的历史大背景下，每次升级都会开启更多的"Hard模式"。但是我们仍然会继续前行。

有时候想想，一个人的命运就像金融资产，一部分收益来自国家和历史的系统性风险，另一部分收益一定来自个人选择的个体性风险。按照经典的资产定价理论，定价效率越高，市场越有效，个体性风险带来的收益应该更高。个人选择始终是我们自己命运的钥匙。

如果国家的命题在于是否继续保持增长，是否能将增长的果实更多地向弱势群体倾斜，实现效率和公平、增长和分配之间的平衡；那么个人的命题则是在于是否能在城市、专业、行业、资产的选择上不犯或者少犯错误，同时保持持续学习的能力。

2020年，不是历史的变量，而是历史的加速器，是分化的冰山浮出水面的拐点。但分化只是我们的起点，在下面的章节中，我们将从社会、职业、企业发展、资产价格和投资方向的分化路径出发，去寻找选择的机会。

所以，这不是一本关于分化的书，这是一本在分化时代如何选择的书。

第二章

当冰山浮出水面

CHAPTER 2

从我记事起，雨就一直下，神秘的乌云，倾泻下疑惑

人们好多年来，在寻找太阳

我想知道，想知道，谁能够停下这场雨

——HEAT《谁能停下这场雨》[1]

疫情下的伤口

2020年3月28日，美国东部时间16点50分，《怪物史莱克》和《功夫熊猫》的缔造者、91亿美元身价的梦工厂创始人大卫·格芬（David Geffen）在Instagram（照片墙，脸书旗下社交应用）上晒出一张自己躺在价值上亿美金的私人游艇，在加勒比海上沐浴夕阳余晖的照片，并且不无矫情地表示："为了躲避这病毒，我在格林纳丁斯[2]隔离，希望所有人都能安全。"这张图片在社交媒体上引起了人们强烈的不适。美国著名节目主持人梅根·麦凯恩（Meghan McCain）更是直接发文狠批格芬，直言他的天价财产不如捐款给前线医务人员来得更有意义。

---

1 以上为英文歌曲*Who Will Stop the Rain*的歌词翻译。
2 加勒比海的一个著名海岛，由超过600个岛屿组成，这个岛链提供了各种地道的加勒比风情，是很多富人和名人的游乐场。

众怒之下，格芬不得已删除了这条动态。

图片可以删除，但现实却无法简单按下删除键。

与格芬的游艇隔离秀差不多同一时间，洛杉矶的街头、纽约的地铁、圣地亚哥的停车场里，涌入了大量在疫情中失去工作的中低收入者——这些普通的清洁工、保安、秘书、优步司机，甚至还包括教师和电脑工程师，因为破产或者无法支付房租而加入了"无家可归者"（homeless）的行列。

这不是好莱坞剧情，而是2020年美国的现实一幕。实际上，这样的一幕幕，在世界各地已经频繁上演很久了。这场突如其来的疫情，只是将更多的冰山一角推出了水面而已。

这些年全球贫富分化的程度在快速上升。以美国为例，1978—2019年的30多年间，富人的财富不断膨胀，顶部1%的富豪的财富占比从21%上升到37%，前10%富人的财富占比从63%上升到71%。而中下阶层的财富却在缩水，高于财富中位数的中产阶级（财富分位数10%—50%）的财富占比在1985年达到巅峰（37.4%）之后开始持续下行。到2008年，这个数值首次跌破30%，之后继续下滑到22%——1/4个世纪的时间，美国中产财富占比缩水四成。分位数后50%穷人的财富占比则从3%一直下行到零附近。

一场新冠疫情，将"分化"这个21世纪人类社会最大的伤口给赤裸裸地暴露出来。

美国是其中的典型：收入、财富、阶层、职业、城市、人群，甚至社区，都在急速的分化中。铁锈区和阳光地带的对立，百万薪资千万股权和最低时薪的差距，华尔街和巴尔的摩废弃冶炼厂的对峙，上东区铂金包和皇后区街头海洛因之间地狱天堂的一线之隔……这些无不告诉我们，被视为资本主义黄金时代象征的纺锤形社会（指高收入和低收入者较少，中等收入者占大多数的社会结构）已经在分崩离析，岁月静好的"中产阶级"正处在被快速极化的过程中：一个受过教育的勤奋的年轻人，要么拼尽全力上升到少数的"精英圈"，要么做一个在剃刀边缘颤颤巍巍生活的"有产阶级"。

2019年德国之声拍摄的纪录片《美国穷人》[1]中，有一个叫埃里克的无家可归者。和大多数人对无家可归者"懒惰""瘾君子"的刻板印象不同，就在4年前，这个有着一张典型斯拉夫人面孔的中年男人还是每天工作长达10小时、年薪8万多的电脑工程师，但是一场意外的烧伤，将这"体面的生活"也烧毁了。昂贵的治疗费用很快耗尽了他的积蓄。雪上加霜的是，他心脏也出了问题。依靠失业补贴挨了半年后，53岁的埃里克终于破产，成为圣地亚哥一个停车场的"住客"，每晚等着免费的比萨果腹。

像埃里克这样的"脆弱中产"不是特例。2018年5月美联储的报告显示，当面临一笔400美元（约合2800人民币）的额外开支时，每100个美国成年人中，40个会有支付困难，这其

1　资料来源：DW Documentary, How Poor People Survive in the USA, available at https://www.youtube.com/watch?v=JHDkALRz5Rk.

中还有 12 个则根本没有支付能力。当被问到"您家的现金和存款能够维持多久的家庭开销"时，中等收入家庭给出的平均时间是"3 个星期"，而低收入家庭的平均时间是"3 天"。

实际上过去十多年，美国财富版图就是"底层沉没，中层消失，上层微涨，顶层膨胀"的局面。包括巴菲特、扎克伯格等在内的 1% 的富豪是这几十年美国财富分配中的最大赢家，律师、医生等前 10% 的精英层也颇为受益，其余 90% 的美国人，并没有能从"金融梦"和"科技梦"中获益太多。

美国不是特例。20 世纪 90 年代以来，无论是发达的英国、法国，还是发展中的印度、俄罗斯，各大经济体富人财富占总财富的比重都在上升。[1] 因为一些历史原因，俄罗斯的财富差距最为夸张：前 10% 的人口占据了全国财富的 71%，其中前 1% 的超级富豪的财富占比超过 43%。换句话说，俄罗斯 1% 的人占有了全社会近一半的财富。这个数字在美国是 37%，在英国、法国、日本、韩国则是 20%—25% 左右。

从 2010 年开始，"不平等"（inequality）一词的谷歌搜索频率在以 10% 的速度逐年上升，这绝不是简单的搜索次数增加，亿万次搜索背后的愤怒、焦虑是最近这十多年全球无数社会事件的根源。从美国的"占领华尔街"，到英国的脱欧，从法国的"黄马甲"，到智利的街头抗议，到加泰罗尼亚的动乱，再到特朗普 2016 年出人意料的胜选，或多或少都是这种情绪的应激反应。

1　下文关于各阶层财富占比的数据，均来自全球不平等数据库（World Inequality Database）。

分化和不平等的冰山，早已在海水下蛰伏，随时准备浮出水面。

失效的库兹涅茨曲线

这样的场景，难免让人有似曾相识之感。19世纪最具影响力的两位经济学家，大卫·李嘉图和卡尔·马克思，都曾因为当时社会出现的巨大增长，分配不均，以及随之而来的剧烈社会分化而忧心忡忡。

但接下来的历史却给出迥异的答案：从19世纪后半叶开始，工薪阶层的收入开始显著上升。尤其从二战后到20世纪70年代初，在国家垄断资本主义、高福利制度和信息革命的三浪叠加下，欧美国家进入了长达20年之久的黄金时代，美国国民生产总值年均增长高达4%，按今天的标准算，人均年收入超过2万美元。拥有自己别墅、汽车和储蓄的"中产阶级"大幅增加，共同构成了被一直称道的纺锤形社会结构。

只要勤奋努力，绝大部分家庭都能分享经济高速增长的果实，成为社会财富主体的一部分，少部分幸运儿或者落魄者则处于纺锤两端。这提醒着人们，上升和下降的通道都在，个人选择是命运，也是代际跃迁的关键——生于1946年的克林顿和1961年的奥巴马是这个时代的最好注脚，他们分别出生在远离权力中心的阿肯色和夏威夷两个州，此前这两个州从未出过总统。同样出身平民，同样从小缺少父爱，忍受着孤独与歧视，两个人依靠个人的奋斗考入藤校，最终突破阶层的束缚，成了美国总统。

这个黄金时代的光芒被浓缩在著名的"库兹涅茨曲线"中。1953年，俄裔美籍经济学家库兹涅茨（Kuznets）对历史序列的收入分配数据分析后发现，1913年到1948年，美国高收入人群（即全国收入最高的前10%的人群）年收入总额占全国收入总额的比例从45%—50%下降到了35%—40%，骤降了10个百分点，清晰地显示出美国的收入不平等现象在下降。[1]

这个研究结论和当时人们的"体感"一致，这个时期的欧美社会各阶层普遍享受了增长的红利。直到19世纪末期，全球还是一个照明靠烛光，出行靠马车，人的平均寿命仅为40多岁的"古老世界"。但到了1940年，全美家庭几乎实现了电力全覆盖，超过94%的家庭使用自来水，80%的城市家庭使用抽水马桶，73%的城市家庭使用煤气，58%的家庭拥有集中供暖和冰箱，近一半的家庭拥有私人汽车，[2]预期寿命也上升到了60岁以上。[3]欧洲社会也紧随其后，整体社会财富在战后的30年中实现了梦幻般的变化。

---

1 Kuznets S., assisted by Jenks E., *Shares of Upper Income Groups in Income and Savings,* NBER, 1953, pp. 171-218.Kuznets Simon, "Economic Growth and Income Inequality",*The American Economic Review* 45,1955.

2 数据来源：https://oldurbanist.blogspot.com/2013/02/was-rise-of-car-ownership-responsible.html.

3 数据来源：https://u.demog.berkeley.edu/~andrew/1918/figure2.html.

　　从马尔萨斯、李嘉图到马克思，缠绕资本主义长达一个多世纪的末世预言似乎被击破了，世界欢欣鼓舞，亟待新的理论来引导。1955 年，在美国经济学会年会上，库兹涅茨以《经济增长与收入》为题做了一场演讲，提出了著名的库兹涅茨曲线，即收入分配状况会随着经济发展过程呈现出"钟形（倒 U 型）"曲线变化（如图 2-1 所示）。

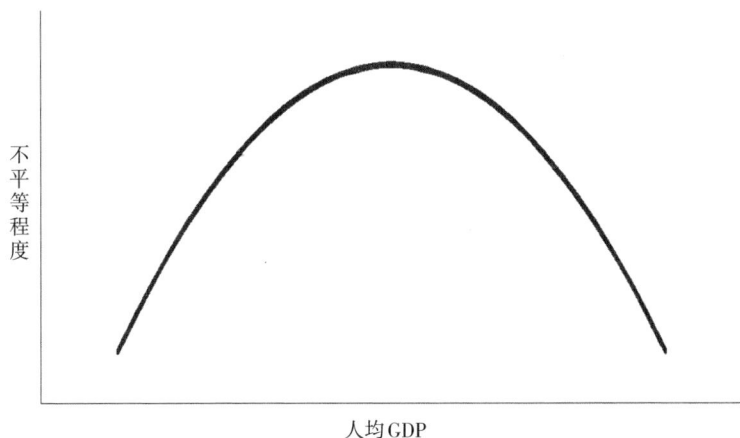

图2-1　库兹涅茨曲线

　　库兹涅茨描绘了一幅"共同富裕"的增长蓝图：

　　在极度贫穷的社会，因为大多数人的收入都只在温饱线上下，人与人之间几乎不存在经济差距，社会的不平等程度很低。随着经济的发展，人类从农业社会过渡到工业社会，农业人口迁移到城市，生产效率提高，社会财富出现盈余。高收入个体将其部分收入用于储蓄、投资钱生钱，而低收入人口的收入仅能糊口，日积月累，财富差距显露。

但是当经济发展到一定水平后，自然之手、技术创新、服务业红利和政府之手这四个重要因素会导致不平等程度不升反降。

第一是自然之手：富裕家庭的人口出生率远低于贫穷家庭，此消彼长，低收入人口在整个人群中的比例上升，导致该群体财富总额占比上升。

第二是技术创新：新的技术创新使得存量资产的价值下降，如果富人及其后代不出售其"旧技术"资产来获得对"新技术"的拥有权，则其长期收益将会减少。例如，2013年，当曾经的胶片巨头柯达倒在数字化的浪潮面前，董事长安东尼奥·佩雷斯（Antonio perez）等高管们手中的股权就变得几乎一文不值。

第三是服务业红利：一般来说，随着人力资本价格的上涨，服务业薪资增长比其他行业快，所以从事人力密集型服务业的低收入人群的收入上升，这可以降低贫富差距。

第四是政府之手：像瑞典、丹麦这样的斯堪的纳维亚国家，国家会通过高比例的税收（包括所得税、遗产税）、支出政策（社会福利）来"劫富济贫"。

四个因素会阻碍不平等现象的加剧，甚至会使不平等在长期趋向于减少，贫富差距随着增长而下降。

这个倒U型曲线完美地解释了工业革命到二战后全球经济

格局的变化：早期快速的增长伴随着不平等的加剧，随之而来的暴力革命和战争，以及战后显得更加均衡的高增长。1956年，另一位经济学诺奖得主索洛（Solow）也提出了"平衡增长路径"，认为在收入、产出、工资、利润、资本、价格等所有要素都均衡变动的情况下，社会各个阶层都会享受到类似的增长红利。所以，只要持续增长，全社会都会从中受益。用索洛的话说：

"经济增长的大潮会使所有船只扬帆远航。"[1]

至此，库兹涅茨曲线成为工业化时代收入分配的经典理论。在20世纪50年代后的20年，工业化带来了持续的繁荣，从美国梦到欧洲复兴、日本崛起，发达资本主义国家社会各阶层充分享受了这次增长的红利。1971年，库兹涅茨获得了诺贝尔经济学奖，声望如日中天。但也正是从这年开始，库兹涅茨曲线开始遭遇现实的挑战：美国的基尼系数[2]在20世纪70年代初达到0.38的低点后开始掉头向上（如下图2-2所示）。其他国家也呈现了相同的规律，无论是英国、法国等发达国家，还是巴西、阿根廷、印度等新兴经济体，都迎来了财富分化的拐点，不平等程度急剧上升。

1　Robert Solow, "A Contribution to the Theory of Economic Growth", *Quarterly Journal of Economics* 70, 1956.

2　基尼系数是20世纪初意大利经济学家基尼（Gini）根据洛伦茨曲线提出的判断分配平等程度的指标，设实际收入分配曲线和收入分配绝对平等曲线之间的面积为A，实际收入分配曲线右下方的面积为B。以A除以（A+B）的商表示不平等程度，这个数值被称为基尼系数或称洛伦茨系数。该系数可在0和1之间取任何值，越小表明收入分配越是趋向平等。

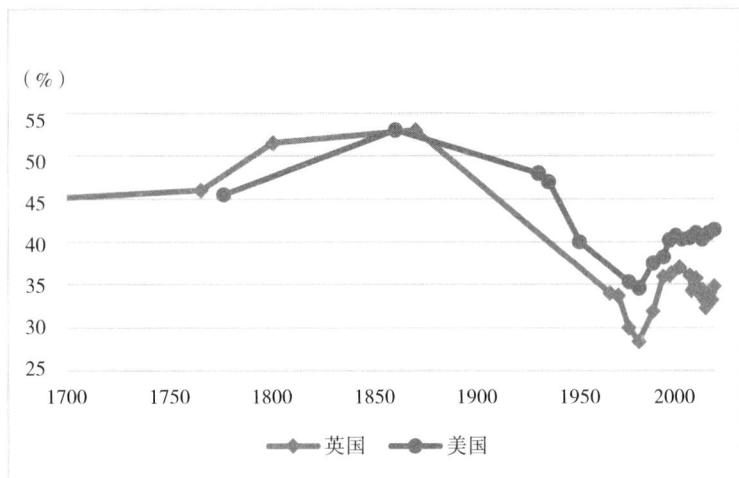

图2-2　美国和英国的基尼系数[1]

　　这些数据背后是绝大多数曾经殷实的工薪家庭的迅速衰落。2017年年底，全球顶级智库布鲁金斯学会的一份报告测算发现，1973年之后，美国工人阶层的收入几乎停滞不动。在剔除通胀因素后，美国工人的实际收入40多年来一共才增长了10%。其中最低收入者的实际工资比70年代时还低。

　　2020年的奥斯卡最佳纪录长片《美国工厂》正是这个消失的工薪时代的挽歌：玻璃检查员肖尼站在镜头前，衣着朴素，脸上带着点认命的麻木，"我在通用公司的时薪是29美元，还有其他零碎收入。在福耀，我是12.84美元"。肖尼以前是俄亥俄

1　数据来源：Milanovic Branko, The Haves and Have-Nots: A Brief and Idiosyncratic History of Global Inequality, *Sociologický Časopis/Czech Sociologicol Review*48, 2012.

州的一名工人，突如其来的失业使她原本宽裕的家庭陷入了旋涡。虽然福耀给她重新带来了工作，但是离她过去的中产生活水平依然相去甚远。肖尼的孩子想买双运动鞋，换作以前肖尼想都不会想就会买给她，而现在……想想明天的柴米油盐酱醋茶，必须一块钱掰成两半花，肖尼有点犹豫。休息间隙，肖尼熟稔地点上烟，深吸一口，烟雾背后的她的脸毫无欢颜。

主流经济学圈中有个叫"理论黏性"的现象：尽管各种相左的证据遍地都是，但没有人愿意质疑库兹涅茨和索洛的增长和分配理论。相反，千万个聪明过人的学者用各种方法不停给他们打补丁，比如说在模型中加入诸如金融深度、民主制度、开放度、教育等变量，希望它们能够更好地解释收入不平等的变化：巴罗（Barro）认为对外开放度是解释收入不平等的有力变量，阿西莫格鲁（Acemoglu）认为技术进步对财富分配有重要影响。[1]尽管其中很多理论获得诺贝尔经济学奖，但现实和学术终于渐行渐远。

现实是一个分化加剧撕裂的世界。不断扩大的南北差距；金融市场、房地产市场、外汇市场上的巨大失衡；华尔街和硅谷不断涌现的并不纳税的超级富豪，包括打字员、司机、产业工人在内的大量中下层"中产"则变得面目模糊。但学术模型

---

1 Barro, Robert J., "Inequality and Growth Revisited", *ADB Working Paper Series on Regional Economic Integration*, 2008, No.11. Acemoglu Daron, "Technical Change, Inequality, and the Labor Market", *Journal of Economic Literature* 40, 2002.

里仍然假设所有人都能均衡地从"增长"中获得好处，分配问题将随着增长阶段的变化被解决。

历史分化的冰山早已在酝酿之中，但是我们假装视而不见。直到金融危机之后的好几年，学界才终于有人试图揭开皇帝的新衣：过去半个世纪的经济增长大潮中，并不是所有的船只都扬帆起航。

不平等是宿命还是诅咒

从20世纪90年代起，法国经济学家托马斯·皮凯蒂就开始和伊曼纽尔·赛斯（Emmanuel Saez）、安东尼·阿特金森(Anthony Atkinson)及阿比吉特·班纳吉（Abhijit Banerjee）等同行合作，进行了一系列关于财富不平等问题的研究。皮凯蒂发现，一旦将时间序列拉长到百年以上，不管是发达国家还是发展中国家，不平等的"倒U型曲线"消失，一条完美的U型曲线出现，尤其在20世纪80年代之后，这个U型的右侧呈现出直线上升的趋势。

换句话说，库兹涅茨的倒U型曲线只是"历史的一小段弯路"而已。

个体的财富主要来自两个方面：工资奖金补贴等"劳动性收入"；利息、股息、资产增值等"资本性收入"。一般来说，穷人更多依赖劳动收入，而拥有更多存量资产的富人的资本性收入更多。所以这两者的增速之比会决定一个社会贫富差距的规模和速度。

皮凯蒂认为，库兹涅茨曲线的出现和消失和战争以及税制密切相关。

20世纪前半叶的两次世界战争摧毁了大量有形资本，富人和穷人之间的差距缩小。同时由于战争经费的需求，各国都开始对超高收入和巨大财产采取累进税制——美国、英国、德国等国家所得税的最高边际税率都曾一度达到90%以上。整个20世纪上半叶，全球资本的净收益率比经济增速还要低，这意味着普通劳动者的收入增长比富人资产的增长更快。一方面财富基数的差距缩小，一方面增速此消彼长，财富的不平等随之下降。**战争和累进税制开启了长达半个世纪的"劫富济贫"时期——这恰好是库兹涅茨看到的钟形（倒 U 型）曲线的右侧。**[1]

但20世纪80年代之后，因为技术进步、全球化、金融深化等多种原因，资本收益率开始远远高于劳动收入，贫富差距拉大。始于1981年的里根税改更成为这个分化的重要拐点。

80年代里根总统上台时，恰逢美国经济处于高通胀、低增长、高失业率的"滞胀"时期。当时流行的凯恩斯理论重在刺

---

[1] 皮凯蒂用一个简单的公式，给出了一个关于不平等的框架性解释。r表示资本收益率，g表示经济增长率，当资本收益率大于经济增速（r>g）时，拥有更多存量资产的富人，就可以获得比平均水平更快的财富增长。注意，皮凯蒂之所以用GDP增长率g代替了实际工资的增长率，是因为劳动收入的增长和经济增长率通常成正比。

激需求，对"滞胀"束手无策。里根采取了以拉弗（Laffer）等
为代表的供给学派的政策主张，开始尝试通过减税来使美国经
济走出困境。1981年和1986年两次税改后[1]，美国的个人所得
税最高税率从50%降至28%，企业所得税最高税率从46%降至
36%，资本利得税的最低税率从28%降至17%——摩根家族、
洛克菲勒家族等巨头从这次税改中得益最多，企业家、资本家
以及高收入精英也从中受益，财富增长的天平开始更向富豪们
倾斜。而普通的工人和领着低保的穷人，则在税改后暗中受损，
因为更低的税率意味着更少的社会福利和公共开支。

这一时期，全球经济领域都出现了自由主义的浪潮，经济
全球化以不可逆转之势打破了国家之间的经济障碍，人口、企
业和资本自由流动成为趋势。各国为了竞争资本、技术、人才
以及商品，开始竞相免除累进所得税中对资本收入的征税，同
时劳动性收入累进税率也大幅下降：1980年至今，欧美国家
的最高边际税率都大幅下降，美国和英国的所得税和遗产税的
最高边际税率分别从80%—90%下降到30%—40%（如图2-3
所示）。

1　分别通过的是《经济复苏和税收法案》和《税制改革法案》。

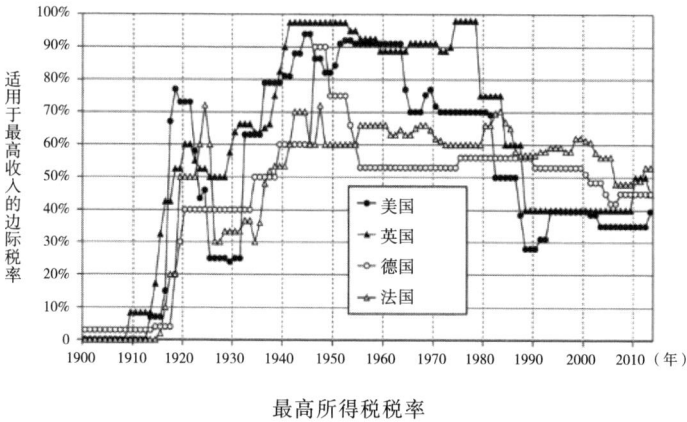

最高所得税税率

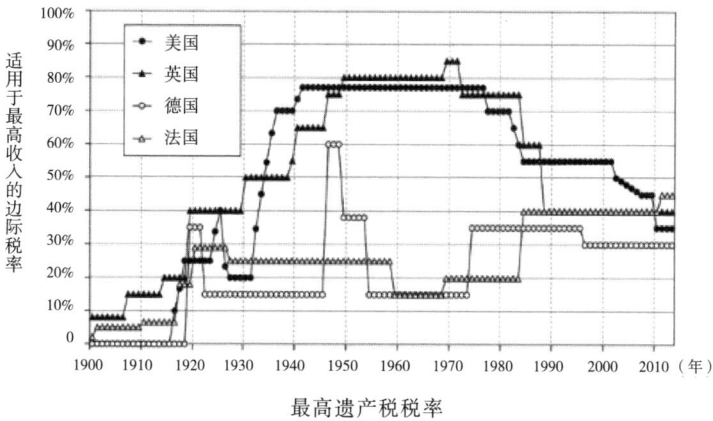

最高遗产税税率

图2-3 1900-2010年最高所得税税率和最高遗产税税率

税制变化的直接后果是收入和财富差距拉大：

一个年收入1000万的企业高管和一个年收入6万的中产，

1970年税后收入分别是200万和4万；到1990年，税后收入就变成了600万和5万，收入差距从50倍拉大到了120倍。

如果考虑投资收益率，这一差距会更显著，假定企业高管的储蓄率为90%，中产的储蓄率为20%，投资回报率同样是5%，10年之后，企业高管的财富可以积累到7100万，而中产的财富只积累到13万，他们的财富差距拉大了540多倍。

从50倍的差距到500多倍的差距，这是令人绝望的鸿沟。

而且这种差距还会在代际上传递下去。假设10年后，两人同时去世，孩子都继承了其财产——按照1980年80%的遗产税，双方孩子的税后遗产分别是1400万和3万。2000年遗产税变成了40%，双方孩子的税后遗产金额也变成了4300万和8万。没有了高遗产税，代际上矫正贫富分化的力量被大幅削弱，贫富差距成为"世袭"。

更何况，企业主、投资家和各种富豪还善于通过财务报表、离岸金融中心以及形形色色的信托基金、慈善基金进行避税——特朗普在2000年之后的15年里，有10年未曾缴纳联邦所得税[1]，身价上百亿美元的巴菲特，2015年纳税额仅为185万美元，适用的税率比他的秘书还低。皮凯蒂研究了法国税率后发现，法国国民平均税率随着收入等级的上升是下降的：收入分配底层的人，其税率为40%—45%；而处在收入分配顶层的

1　资料来源:https://www.nytimes.com/interactive/2020/09/27/us/donald-trump-taxes.html.

人，平均税率只有35%。这个现象在美国会更显著。

同样的逻辑可以理解绝大部分国家的贫富差距，如果一个经济体个人所得税最高税率偏低，没有资本所得税和遗产税，而法律环境相对薄弱，企业主和富人们总能找到一些"税收灰色地带"，贫富差距的快速拉大将是个必然的后果。

一个问题是，从20世纪80年代以来，贫富差距拉大已经有几十年了，那为什么全世界到现在才感觉到这座冰山的冷呢？因为人类的本性是在增量时代关注"增长"，存量时代关注"分配"——20世纪80年代以后，经济的繁荣掩盖了分化的伤痕，直到经济增速下降，这个裂缝才会越来越引人注目。

过去两百年里，全球的经济增长和人口增长、城市化率密切相连。2000年以来，人口增长放缓，很多发达地区甚至出现负增长。同时，大部分工业化国家的城市化率已经达到70%的临界点，工业生产也达到供给具有完全弹性的程度，经济增速放缓，甚至陷入停滞都是大概率事件。这意味着在经历了近百年将"增量"作为经济研究核心的时代后，"收入分配"重新回到主流经济学的视野之内。人们开始意识到，低增长存量时代，如何更公平地"分配蛋糕"可能比如何更有效地"做大蛋糕"来得更重要。

公平和效率之间，人类社会需要更严肃的权衡和取舍。

但皮凯蒂并不是悲观主义者，根据20世纪早期的历史经验，他认为，全球范围的高累进资本税，辅以国际金融的高透明度

（或资本管制），能有效降低实际的纯资本收益率，减缓甚至逆转不平等的趋势。

大人，时代变了[1]

相比经济学家，历史学家显得更加悲观。斯坦福大学的历史学教授沃尔特·沙伊德尔（Walter Scheidel）的《不平等社会》一书认为，人类增长的漫长历史告诉我们，增长和分化就像"人"字的一撇一捺，是人类的两翼，快速的增长总是伴随着剧烈的分化。从古至今，只有大规模战争、社会变革、国家衰败和致命传染病"四骑士"暂时对抗或者短期逆转了不平等。

这四骑士减低不平等的机制不尽相同，但都是以贫困、死亡、毁灭这样巨大的破坏性为代价的：

比如**大规模战争**会严重破坏有形资产，而且随之而来的通货膨胀、税收和征用都会对资本存量产生巨大的负面冲击，从而减少财富，拉近差距；而像法国大革命、俄国十月革命、"斗地主，分田地"等古今中外的**社会变革**，都是通过暴力的强制手段，抑制私人财产和市场力量，进行社会重组，以牺牲效率的方式缩小贫富差距；**国家衰败**也是通过瓦解原有精英阶层，重构社会权力和财富版图，从而实现平等化；黑死病这样的**致命传染病**则略微不同，由于大规模的人口死亡使劳动力变得稀

---

1 B站上爆红的一个新梗，来源于游戏《只狼》最终boss"剑圣·苇名一心"在二阶段会突然拔枪射击，用来表示大环境变化。

缺，工资上升，同时地租和利率下降，劳动收入相对于资本收入上升，穷人获得暂时的优势地位，财富分配不平等的情况得到缓解。[1]当然，这几个黑骑士机制也只有短暂的效果。随着战争结束，国家重建，世界秩序重新建起，人口快速增长，城市、商业、工业都开始欣欣向荣，人类社会重新进入新的繁荣周期，即新的不平等周期。

但是当今世界的难题是，即使是短暂的矫正力量也在消失中。20世纪70年代以来，全球进入了一个"核威慑"的军事竞争时代。和冷兵器时代暴力革命造成的死亡后果不同，核战争意味着全局性的毁灭，很少有哪个国家或者政府敢承受这样的"矫正"。这意味着，国家衰败、大规模战争、社会变革这几个"战争和类战争"的不平等平衡器都无法运作。

最后一位骑士"致命性传染病"呢？在过往农业时代人类与不平等的战斗中，它曾经立下"赫赫战功"。除了我们熟知的古罗马瘟疫、中国汉末大伤寒、欧洲黑死病外，天花、流感、霍乱，都几乎是"不分贵贱"地夺人性命，从建安七子、顺治帝到肖邦、雪莱，古今中外，天子名士，都无法幸免——通过大量人口的死亡，改变劳动收入和资本收入的比重，完成对财富不平等的"矫正"。2020年新冠疫情开始蔓延后，包括好莱坞明星汤姆·汉克斯（Tom Hanks）、英国首相鲍里斯（Boris）、

1　黑死病、一战、二战分别导致全球2500万、1600万和7000万人口的死亡。改朝换代也基本靠战争、政变等暴力流血手段达成。俄国十月革命后伴随着灾难性的经济后果和全局性的通货膨胀，7年间物价涨了17000倍，农民变得更加平等，然而也变得更加贫困。

加拿大总理特鲁多（Trudeau）在内的各国政要名流纷纷中枪。所以4月，纽约州长科莫（Cuomo）还感叹说："疫情面前众生平等，新冠是平衡器（great leveler）。"

可惜的是，这不是真实故事的结尾。美国税收公平组织（Americans for Tax Fairness）和不平等计划政策研究所研究发现，从3月18日（美国大部分州开始疫情封锁）到9月15日之间，美国600多位亿万富豪的总资产从2.9万亿美元增至3.8万亿美元，增幅达30%。这样算来，2020年600位金字塔尖上的美国公民每月的收益为1500亿美元，平均每人每天赚800万美元。与之形成鲜明对比的是大部分普通人的继续"下沉"。根据劳工统计局的数据，3月中旬到8月中旬，收入排在后80%的普通职工，平均时薪下降了4.4%。超过5000万人（即15%的美国人口）失去工作，到8月份仍有近1400万人失业。近4000万美国人生活在贫困线以下，1200万美国人失去了员工健康保险。

这还是在美国，全世界最强大和最富裕的国家之一。其他很多次发达地区，因为调查无法有效覆盖，数据欠缺，疫情造成的冲击甚至无法估算。世界银行预测，2019新型冠状病毒的流行可能导致1998年以来全球贫困率的首次上升，每天生活费不足1.9美元的贫困人口会增加3000多万。

新冠疫情不是特例。实际上21世纪以来，疫情压制不平等的魔力早已经消失。21世纪包括H1N1（2009）、MERS（2012）、Ebola（2014）在内的几种主要传染病大流行后的几年中，受影响国家的不平等程度都不降反升，基尼系数平均增长了1.25%。[1]而对于GDP高增长的新兴国家，疫情对不平等的影响还不算太大，越是存量经济发达的国家，这种影响越大。

为什么连传染病这最后的黑骑士也会跳下战马？"利率"是最核心的线索之一。

富人喜欢高利率还是低利率？看上去这是个愚蠢的问题，有钱人拥有资产多，当然喜欢高利率，利率越高，资产回报越高。

事实和直觉恰恰相反，最直观的是，利率下降会刺激股票、债券、基金、信托以及其他各种复杂的金融资产价格上涨，而金融投资恰恰是有门槛的：美国只有净资产在100万美元以上才可以投资对冲基金，中国科创板、港股通需要50万资金门槛；私募、信托的投资门槛是100万，而且个人的金融净资产不得少于300万；此外，大宗商品，股权，期货，在专业知识方面都有极高进入门槛。受限于资金和认知等各种因素，中下层人很难参与到这些高收益的金融产品中。[2]

丹麦经济学家马丁·鲁伊（Maarten Rooij）等人研究丹麦的家庭调查数据发现，[3]女性、老年人、低学历的穷人，在金融知识的认知上远远落后，而这些人群的金融参与度更低，钱更多

1　Furceri Davide, et al., "Will Covid-19 Affact Inequality? Evidence from Past Pandemics", *Covid Economics* 12, 2020.

2　Erosa Andrés and Gustavo Ventura, "On Inflation As a Regressive Consumption Tax", *Journal of Monetary Economics* 49, 2002. Albanesi Stefania, "Inflation and Inequality", *Journal of Monetary Economics* 54, 2007.

3　Maarten Van Rooij, Annamaria Lusardi and Rob Alessie, "Financial Literacy and Stock Market Participation", *Journal of Financial Economics* 101, 2011.

地配置在银行存款等低收益的资产上。魏尚进等学者利用中国的数据发现了同样的规律。[1]

从数据上看，全球从20世纪80年代之后进入了利率下行时期，美国10年期国债利率从15%一路下降到如今的0%左右。这个趋势是多种因素共同作用下的产物，但其中最重要的一个动因是信用货币：1971年美元与黄金的脱钩，布雷顿森林体系崩塌，世界进入信用货币时代。在贵金属货币时代，货币数量受限于储藏量和开采冶炼技术，市场交换和社会分工的发展相对平缓。到了信用货币时代，人类货币创造的能力一下子摆脱了"具体物品"的限制，只要有"信心"，货币发行数量可以"上不封顶"。这一步意味着主权国家对经济运行拥有了更大的掌控力，也让各大央行的货币政策得以更大程度地影响社会财富和收入的分配。货币也从此解锁了除"价值尺度、支付手段、流通手段、价值贮藏"之外的第五项职能：促进增长，对抗危机。

经济下滑怎么办？放水，降低利率。股市崩盘了怎么办？放水，降低利率。次贷危机怎么办？放水，降低利率。疫情爆发了怎么办？放水，降低利率。有人开玩笑说，外星人入侵地球了怎么办？还是放水，降低利率。

2020年3月全球新冠疫情汹涌，以美联储为代表的各国央行迅速做出反应：放水，降低利率。和新冠疫情是"1919年西班牙

1　Wei Shang-Jin, Weixing Wu and Linwan Zhang, "Portfolio Choices, Asset Returns and Wealth Inequality: Evidence from China", *Emerging Markets Review* 38 ,2019.

大流感以来最凶猛的大流行病"相匹配，这次的放水和降息力度也史无前例：3个月内，美联储资产负债表扩张了3万亿美元，实施3万亿美元的财政刺激，刺激力度比2008年高出整整一倍。

欧洲也紧随其后。2020年3月—6月，欧洲央行的资产负债表扩张1.5万亿欧元。欧盟4月份推出5400亿欧元的救助计划，用于保护劳动者和个体商户；5月份又就7500亿复苏基金达成协议，向成员国发放救助金和低息贷款。

在低利率和天量资金的刺激下，魔幻现实主义的一幕发生了：新冠新增确诊和死亡人数不断增加，社交隔离之下，交通运输、旅游餐饮娱乐都处于半停滞状态，各大国际机构预测2020年除中国以外的主要经济体的GDP都会出现大幅度下滑，预计全球新增250万失业人口，全球上市企业每股收益可能下降50%。尽管全球经济一片惨淡，但是各种资产价格的估值却一路狂飙。

谁从中受益？大股东、大企业主、大投资人等富豪吃肉，有资产的富人跟着喝汤：贝索斯，巴菲特，马斯克……顶级富豪们的财产增加了数百亿美金。富人们也不甘落后，由于上半年金融市场行情太好，中国的私募机构赚得盆满钵满，7月份很多私募基金抓紧变现，基金经理捧着从数千万到数亿的业绩报酬回家。

谁受到冲击？没有房产、没有金融资产的中下层。疫情后很多工厂不再招人，很多从事体力劳动的蓝领无活可做，收入受到了很大的影响。由于疫情隔离，人力密集型的服务业中，很多普通员工几个月没有收入，有些中小餐厅在疫情期间每月损失十几万。

从某种意义上说，过去20年的利率下行正是贫富差距拉大的发酵剂，每次危机后的刺激政策，都是一场资产的盛宴。"资产"就像一湾海峡，每次潮来潮去，水域两侧终是渐行渐远。

除了利率外，后新冠时代全世界还面临着另一个挑战，数字化。这也是本书下面两章要重点讨论的问题，过去半个世纪以来的技术进步一直是"偏向性"的，偏向于那些高技能、高学历的人才，尤其是最近几年的智能化浪潮更是将这种偏向推向极致——越来越少的精英层获得越来越多的机会、回报，越来越多的芸芸众生不惜余力为挤进"精英圈"的门缝拼命。放眼未来，加剧收入和财富分配差距的技术力量比比皆是。数字化和智能化必将影响劳动回报的分布。据一项牛津大学的估计[1]，在全美劳动市场702个职业中，几乎一半的就业岗位都面临计算机化带来的风险。

这也是我们这个时代最大的全球悖论：资金和技术进步，一直是增长最核心的要素。过去半个世纪的金融深化，从信息革命到数字革命的技术变革，为我们创造了巨大的繁荣，然而繁荣的果实并没有能像20世纪早期一样被各个社会阶层所均匀分享，而是带来了更大的分化。

面对疫情期间身家暴涨的超级富豪们，面对感染病毒却没

1　Frey Carl Benedikt, and Michael A. Osborne, "The Future of Employment: How Susceptible are Jobs to Computerisation?", *Technological forecasting and social change* 114 ,2017.

钱治病的优步司机,睡在纽约地铁里的流浪汉,四五个人挤在20元一天的日租房里的打工人,再回想起疫情伊始那"疫情面前众生平等,新冠是平衡器"的论断,不觉有点反讽的意味。

税收和房产:各自的救赎

在不朽名著《安娜·卡列尼娜》的开篇,托尔斯泰写道,"幸福的家庭都是相似的,不幸的家庭各有各的不幸"。对于不同的区域和国家来说,"分化"的冰山也呈现出不同的形态。

从全球前十大经济体来看(如图2-4所示),巴西的财富不平等最严重,基尼系数为53.3%,美国则以41.4%高居第二,贫富分化已经成为这两个美洲大国最严峻的挑战。

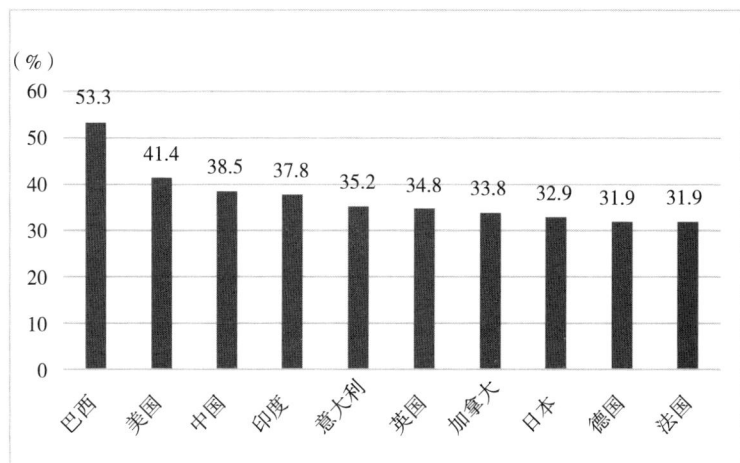

图2-4 2016年全球十大经济体的基尼系数

（1）高税率：欧洲和日本抑制财富分化的"白衣骑士"

就其财富水平来说，欧洲和日本都经历了相当长的富裕时期，理论上不平等程度会比较高。实际上两国也确实经历过"贫富悬殊"的历史年代：1938年发动侵华战争时的日本是全球贫富悬殊最严重的国家。1900年的英国更夸张，1%的顶层群体占据了超过70%的财富。经历了两次战争后，日本和包括英国在内的欧洲诸国一直在努力控制财富不平等上升的速度。截至1980年，这些国家的基尼系数都在30%左右，前1%的顶层人口占有的社会财富也下降到10%左右。究其原因，高累进所得税、高遗产税以及高福利，是这些国家控制财富分化的"白衣骑士"。

20世纪80年代之后，为了吸引更多资金，各国在税收政策上倾向于对资本要素采取低税率措施，该措施在短期内有利于国家经济的发展，但长期会导致一国社会不平等程度的加剧，是一个效率优于公平的选择。从全球情况来看，一个明显的趋势是欧洲的税收（包括遗产税和所得税）累进程度远高于美国。美国最低档（9700美元以下）的边际税率为10%，最高档的边际税率（52万美元以上）是37%，相差27%；日本最低档（195万日元以下）的边际税率为5%，最高档（4000万日元以上）的税率是45%，相差40%；法国最低档（1万欧元以下）的边际税率为0%，最高档（16万欧元以上）的边际税率是45%，相差45%。这意味着，欧洲和日本的穷人税负更轻，富人纳税比重要高于美国，更加倾向劫富济贫。

与此同时，这些国家国民收入中用于社会开支的比重出现了显著上升。以日本为例，社会福利支出占到了全国GDP的22%，孩子在初中毕业前的学费、医疗费全免，每月可领"儿童工资"。全民医保方面也几乎是全覆盖。这就是用从富豪手中收来的钱造福大众。

欧洲和日本模式的一个极端表现是北欧国家，超高税率，超高社会福利，以及包括教育资助、免费医疗、失业救济、老人照料、养老金支付、残疾人救助、单亲父母津贴、家庭和儿童保护在内的广泛的社会保障。劫富济贫的税制和社会福利制度让北欧成为全球贫富分化最小的区域，其基尼系数一直保持在30%的水平。

（2）房产：抑制美国财富分化的白衣骑士

美国的故事有点耐人寻味。就像前面说过的，1980年之前的半个世纪是美国梦的"黄金时代"：高增长，普遍富裕，贫富差距缩小，普通人通过努力奋斗实现阶级跃迁。1959年，当时的美国副总统理查德·尼克松，在莫斯科与赫鲁晓夫上演了一场著名的"厨房辩论"。为了讽刺苏联的普遍贫困，尼克松列举了一系列美国中产阶级所享受的物质好处：3/4的家庭拥有自己的房屋、5600万辆汽车、5000万台电视机、1.43亿台收音机……尼克松骄傲地宣称说："美国才最接近无阶级社会，是所有民众共同繁荣的典范。"

放在1959年，这是千真万确的实话。然而，这支撑起美国社会的中产阶级，却恰恰成了后来不平等浪潮里的牺牲品。无论在美联储的基于家庭调查的数据中，还是在皮凯蒂基于税收统计的数据中，人们都发现中产是不平等上升中的主要受害者。美国后50%的人拥有的财富大部分时候都不足1%，连讨论"不平等"这个话题对他们都是一种奢侈。近30年来，财富份额的变化主要是从中产阶级那里转移到了富豪的手中。

在此期间，究竟是什么力量在苦苦支撑着中产阶级的财富呢？

答案出乎绝大多数人的意料：是房产。要知道，2007年次贷危机以来，"房地产"这个词已经被"泡沫化"弄得声名狼藉。但真相往往和街头巷尾的流言大相径庭。2017年，顶尖经济学期刊《政治经济学期刊》发表了一篇论文，通过拆解美国各个阶层的资产配置，用实证数据证明"房产"才是美国中产财富的"白衣骑士"。

数据告诉我们，即使在美国，金融资产也更多是顶层富人的配置选项：最顶层10%的富人，其资产配置非常多元化，房产、商业资产、股债基金、其他金融资产各占20%左右。而后90%的普通美国人储蓄率非常低，仅为2%左右（中国大约是45%）。但得益于20世纪60年代开始的"居者有其屋"的美国梦计划，中产们都贷款买房。每个月的房贷无形中发挥了储蓄功能。房产在这部分人的资产配置中占据了非常大的比重——底部25%的穷人，房产占了总财富的80%；位于25%—75%的中层到中下层，房产大约占了总财富的60%以上。[1]

从1975年到2007年，美国的资产收益率远大于美国经济增长率。尤其是八九十年代全球化后，中产、中下层蓝领的实际工资几乎没有涨，收入增长停滞，房产成了这些缺乏金融资产的人家庭财富的唯一慰藉：从1975年到2005年，美国房地产价格持续上涨，30年间涨了5倍，年均增长6%。

换句话说，20世纪70年代到2005年，房地产是美国家庭财富的支柱，也是美国社会对抗财富不平等的"白衣骑士"。根据德国波恩大学库恩（Kuhn）教授等人的估算，由于资产配置中穷人对房产的依赖度更高，如果这些年房价没有上涨，美国富豪们的财富份额将会上升9%，而50%—70%的中间层，财富份额会下降2%，美国的财富集中度将会进一步上升。[2]数据不会说谎：2008年，美国前1%和10%富人的财富份额快速上升，而后90%的人口的财富份额则首次向下突破30%的低点。其重要原因就像纽约大学经济学教授爱德华·沃尔夫（Edward Wolff）在《1962年至2016年美国家庭财富趋势报告》[3]中指出的，2007年到2010年间美国的贫富差距急剧上升，主要是由于这段时期的房价急剧下跌所致。

很多媒体喜欢煲心灵鸡汤，说美国人不"贪慕虚荣"，租房

1　Kuhn Moritz, Moritz Schularick and Ulrike I. Steins, "Income and Wealth Inequality in America, 1949–2016", *Journal of Political Economy* 128, 2020.

2　Kuhn Moritz, Moritz Schularick and Ulrike I. Steins, "Income and Wealth Inequality in America, 1949–2016", *Journal of Political Economy* 128, 2020.

3　Wolff Edward N. "Household Wealth Trends in the United States, 1962 to 2013: What Happened over the Great Recession?", *RSF: The Russell Sage Foundation Journal of the Social Sciences* 2, 2016.

住也甘之如饴。殊不知租房大多数情况下也是因为大城市房价贵买不起而做的"被动"决策。更何况，在美国大城市中租房和中国颇有不同——同样排名的美国城市和中国城市的房价其实差不多，比如纽约市区的住宅均价1.6万美元/平方米，北京的均价大约1.5万美元/平方米，上海、深圳、旧金山大概1.4万美元/平方米。但是美国房子出租大约20年就能回本，我国得大约50年左右。换句话说，就房租负担而言，美国城市租客不会更轻，只会更重，有近一半的租房者所需支付的租金超过他们收入的30%。而且，穷人往往租的房子更贵，因为他们存款少，经常不够一个月的房租和定金，就只能去住单价更高的"日结房"——通常要比长租房贵20%左右，这反而加重了租房负担，陷入越穷开销越大的恶性循环，最后甚至掉入破产的泥沼。

回头想，2007年的次贷危机之后，明面上的伤口很快止血恢复：经济快速反弹，金融市场似乎也很快风平浪静，纳斯达克更是一路上扬屡创新高。但是那些暗处的伤疤却继续化脓溃烂：春风得意的顶层，下坠的中产，堕入泥沼的下层，一个极化的社会开始有戾气涌动的迹象。

看不懂的中国：公共财富的两面性

在全球的不平等和分化中，中国是个非常特殊的存在。

2020年的新冠疫情加速了分化的趋势。就业市场、消费市场、区域经济和家庭财富都朝着两极发展。

数亿农民工受到巨大冲击，就业岗位减少，本来就不高的薪资下降了差不多6.7%。相反，体制内岗位受影响不大，数字化相关的高技能岗位收入大幅上升。再看消费市场，高端奢侈品毫发无损，而中端品牌举步维艰。疫情过后，LV上海单店一个月销售额1.5亿，创历史新高。爱马仕、香奈儿门前永远车水马龙排着队，但是像海澜之家、拉夏贝尔这些国产中档品牌都呈现出收入、利润双腰斩的态势。城市也在快速分化的进程中，大城市的胜利越来越明显。尤其是就业市场，上半年一线城市招聘人数下降3.2%，而四线及以下城市招聘人数下降了72%。这种分化同样反映在了房价上，2020年前8个月，北京、上海、深圳、广州、杭州、成都这几个核心城市，房价平均上涨了6.1%，而其他城市平均只上涨0.5%。优质的核心城市与其他二三线城市的差距正在拉大。房产价格的分化上行，金融资产价格的上涨，劳动力市场的分化，又都将中国的财富差距往前推进了一步。和其他国家一样，中国"富"和"穷"之间的鸿沟也越来越像天堑。

但故事的另一面是，中国的分化显示出很强的"本国特色"。

2020年疫情中有个很奇特的现象：中国民间社会显示出极大的韧性。当全世界都忙着放水，给低收入人群财政补贴的时候，中国的货币政策4月开始收紧，财政政策也稳如磐石。尽管数据显示底层劳动力市场受到极大冲击，但是从民间生活上看却颇有点波澜不惊：

疫情过后，山西临汾的小县城新开张的四五家奶茶店每家都人满为患，长沙的超级文和友（民间小吃）每晚排几千号，北京的宠物展挤到主人和猫猫狗狗一起怀疑人生，迪士尼的热门项目前又排起了长长的队伍，宜家的沙发上重新躺满了摆出奇异姿势的顾客……

偌大一个中国，人间烟火，言笑晏晏，犹如"疫情"从未发生过。既没有出现美国那样大面积流离失所的人群，也没有表现出对社会激烈的不满，在我们团队几个月从北到南一路调研的过程中，从美甲师，到餐厅服务员、出租车司机，从程序员、大学教师，到小企业主，几乎都是淡淡的表情，"是，有冲击，能活下来，能撑，疫情嘛，没办法"。

为什么中国民间在巨大的冲击下仍显示出如此强大的韧性，得以支撑全球最淡定的宏观政策？为什么"分化"加速没有在素来不患寡而患不均的中国造成更大的波动？除了疫情控制得力之外，是否有更深层次的原因？这些问题可能对我们理解中国发展路径的过去、现在和未来会有所帮助。

在挖掘数据的过程中，我们触及了一些关于这些问题非常"中国"的思考。和其他主要经济体的财富结构相比，中国财富结构的一个突出特点是：**公共财富占比巨大**。

所谓公共财富，就是指政府拥有的建筑、学校、医院、交通设施等实物资产，以及财政存款等金融资产。过去半个世纪，全球各国的公共财富水平都呈现出下降趋势。英美德法日几个西方主要经济体从平均20%下降到0%左右的水平，像美国、英国和日本，公共财富占比甚至为负数，即公共债务超过公共资产——用大白话说就是，政府口袋里没钱，国家财富几乎全部由私人财富组成。

私人财富产权明晰能极大地提高生产经营效率，给社会价值创造以正向激励——这在主流经济学中已经讨论得很多了。中国1978年从计划经济转向市场经济以来的财富增长和效率提高也遵循了同样的规律：公共财富占比从1978年的70%下降到2009年的30%，之后略有反弹，2019年上升到32%左右。所以和其他大经济体不同，**中国的国家财富＝公共财富＋私人财富，异常突出的公共财富比例是理解中国财富结构和财富分化的一个重要落点。**

要知道，公共财富不是一个虚幻的概念，它的主要存在形式包括：基础设施、国有企业、公用事业以及财政存款等。公共财富的侵占和虚报，公共财富运转的低效、浪费一直是经济学的主要研究方向之一。比如，国有资产流失，国有企业效率低下，基础设施和公用事业建设维护中的腐败寻租，经营低效，财政存款的闲置和浪费等各种问题。所以，在很长一段时间内，中国语境下的公共财富类似"低效率"的代名词。

但如果从另外的角度思考，我们会发现，公共财富具有很强的两面性。比如说基础设施，这是中国各地公共财富中占比最大的部分。基础设施既包括公路、铁路、机场、通讯、水电煤气、网络通信这些硬件设施，也包括教育、科技、医疗卫生、体育及文化等社会事业。正如刚才所说，尽管这些建设过程免不了有很多负面讨论，但是无可否认的是，过去几十年中国城市化进程中，这些大都沉淀成了城市的"固定资产"。而这部分固定资产的价值体现在了城市价值上，说得更直白点，体现在了城市的地价／房价上。就中国居民的财富状况而言，这意味着——

（1）过去20年，购买城市住房的居民分享到了中国增长的成果，也分享到了庞大的公共财富。更准确地说，公共财富以"城市住房"的形式实现了部分对居民的转移。

回头再看中国居民的"财富"演变历程。中国起步于计划经济，直到80年代中期还是一个普遍低收入的社会，基尼系数在30%左右，除了顶层1%的富人外，99%的人都没什么财富，差异主要是城乡二元结构的"群体差异"，个体家庭之间的差距比较小。90年代后，随着个体经济放开，乡镇企业潮，价格双轨制中的套利潮，从深圳到浦东的开发潮，国企改制，资本市场进行了几次大的市场化转型，中国出现了第一批"先富起来的人"，财富不平等现象开始普遍出现。但这个时候，普通中国居民大多没有存量资产，除了深圳、上海这些发达地区，大家普遍对"财富"的概念还比较模糊。

1998年到2019年是数以亿计的中国居民成为"有产阶级"

的历史性的阶段。这个时期的起点是住房制度改革，终点则是由城镇化转向大城市化的万元美金社会转型。[1] 这个阶段中国经历了平均每年高达9%的经济增长，城镇居民的收入则增长了5倍。考虑到我们45%的超高储蓄率，中国居民较大比例的收入转成了存量资产。这一时期的另一个社会现象是"购房潮"，最少有2001—2003年、2006—2007年、2011—2012年、2015—2016年等几次大的"房产热"，房价也节节攀升。以北京为例，从2003年到2013年，10年间房价平均暴涨了7倍以上，而房价的上升又反过来吸引更多居民使用杠杆加入购房大军。

根据央行的数据，2019年，中国城镇居民的住房自有率[2] 在90%以上，房产占中国家庭财富的70%以上，[3] 这意味着这些年绝大多数中国居民储蓄的最大部分是以房产的形式存在的。换言之，房产价值差异是中国居民财富差异的最大来源。和股票、债券等资产不同的是，房地产具有极强的空间异质性——不同城市，不同区域，不同小区，不同开发商，甚至不同楼层、朝向，都会有巨大的差价。如果说从2003年到2013年是中国房产的普涨年代的话，那么从2013年开始到2019年，随着中国城镇化转向大城市化，城市房价开始分化，一线城市房价翻倍，二线城市涨了60%，三线城市涨了40%，东北的很多城市，比如鞍

1　关于这个转型期的详细讨论，请参考香帅：《钱从哪里来》，中信出版社2020年版。徐远：《从工业化到城市化》，中信出版社2019年版。张斌：《结构转型期的宏观经济学》（待出版）

2　住房自有率指居住拥有产权住房的家庭户数占整个社会拥有住房的家庭户数的比例。

3　这个口径不太一致，但是央行、西南财大、社科院等计算的比例都在70%左右。

山、鹤岗，房价根本没涨，甚至在下跌。[1]在北京拥有一套房产的人和在贵阳、山东乳山各有一套房产的人，其财富差距可以是十倍、百倍以上。2019年后，随着中国增长转向人力密集型的服务业，大城市的优势更加突出，这个差距还有加速的趋势。就中国居民的财富状况来说，这意味着——

（2）区域/城市间的差别是中国居民财富分化的主要表现形式。

这里有个很值得讨论的话题——关于大城市房子的限购问题。大城市房价过快上涨带来诸多问题，比如中小企业的租金上涨，导致产业挤出；再比如资金涌向房地产行业，导致经济脱实向虚。尤其对于新进入城市的年轻居民们造成了很大的压力，导致人才流失或者普通居民家庭负担加重。所以从2016年下半年开始，中国政府逐步开始实行史上最严的调控政策，尤其要限制大城市房价过快上涨。

这些措施包括提高首付比例、限制房贷、规范商品房销售监管、整治市场违法行为、加强销售价格监管，甚至还有直接的行政限价，其中最严厉的是2010年开始的限购：从北京、上海开始，逐渐向广州、成都、长沙、郑州等城市铺开，到2016年，全国21个大城市实施了限购政策——一个家庭最多能购置两套住房，越是大城市，限购政策执行得越彻底。北京、上海尤甚。

1　具体参见香帅：《钱从哪里来》，中信出版社2020年版，第一章。

　　我当年在北大当教授时也认为这一政策不能奏效，还在硕士面试中出过题目，让学生用经济学原理讨论这一政策会拉高还是降低房价。很多好学生很快给出了答案：限购打击了供给，却并没有解决人们的买房刚需，反而会推升房价，降低了房产市场资源配置效率。这是一个符合经济学原理的答案。

　　但是现实世界不是教科书。站在2020年，站在全球财富差异导致的冰山浮出水面、全球社会被撕裂得生疼的这个年份，回头再思考这个问题，我会有不太一样的视角。

　　本质上这是一个如何在效率与公平中求得平衡的问题。我们不妨想想，假如中国房地产没有限购会发生什么情况——2020年《钱从哪里来》的第三章和第四章中，我们讨论过人口往大城市集聚是全球几百年来的发展趋势，根据中国基础设施、教育、医疗、文化、行政资源等各种资源的集中情况，人口集聚现象会更显著，所以"大城市的胜利"是一个必然趋势，逐利的资金也自然会向大城市集聚。

　　设想一个决策的场景：石家庄、太原、沈阳、长春、青岛、乌鲁木齐、苏州、长沙、郑州……这些城市的富人们在考虑房产投资时会有什么选择？是去北京、上海、深圳买，还是在当地买？可以肯定绝大部分资金会"往高处走"，流向这几个大都市。相比来自全国富人的需求，这几个城市的供给实在太少，房价的上限都不知道在哪里。这样会形成什么局面呢？大城市的房价继续飞飚，而这些二线城市的房价无法支撑。对于生活在这些城市的普通中产家庭来说，绝大部分资产来自房产，城市经济下滑，他们的财富缩水。

这个逻辑可以继续下推：长沙不限购，岳阳、汨罗、衡阳、益阳……的资金会涌入长沙（如果资金不够去北京上海的话），同样地，这些三线城市房价更加无法支撑，生活在这些城市的普通中产家庭的财富日益减少。

这样一来，中国房地产市场会出现一个绝对头部效应的情况——北上广深挤满了坐拥数栋、数套房的富人，享受一线城市的溢价，也占有更多的公共财富资源，除了少数城市原住民，这些城市的年轻移民，即使掏干净家里"六个钱包"，也可能没有上车机会。二线城市的房地产市场低迷，居民财富和一线城市的差距拉大到无法想象的地步，后面几线城市则会更加凋零，中国居民的财富不平等也一定会蹿升到一个新的高度。

这里需要强调的是，上面的讨论并不意味着"限购"是降低贫富分化的理想政策，资本利得税、遗产税、房产税，都可能是理论上更优的政策选择。而且"限购"出台的初衷确实也是为了限制房价上涨，平息社会的不满情绪，但是客观上，限购，尤其是大城市的限购，确实起到了限制资金财富的马太效应，避免城市房价和中国家庭财富过度分化的作用，也多少为城市的新进入者留下了一扇门，即使这扇门推开的时候有点沉重。

皮凯蒂曾经讨论过，资本管制相当于一种对资金的流动性折价（比如，王健林的100亿不是一个在全球都有购买力的100

亿），这相对而言减少了财富的分化。从这个意义上看，**大城市的限购政策就像国内各城市间的"资本管制"**，各地富人的大资金也因此被流动性折价，减缓了房产价格的极端分化，也减缓了财富分化的发展。

自有住房率，房产在家庭财富中的极高占比，大城市的限购政策——在这几种力量的作用下，中国社会的财富分化出现了一个非常有趣的特征——

（3）中国的财富分化主要体现在城市差异上，所以同一城市内大多数普通居民家庭的财富分化状况暂时处于较为温和的水平。

公共财富，城市化，房产，这是理解中国居民财富状况"现在"和"过去"的关键词。这也可以解释疫情冲击下中国民间生活的波澜不惊：

疫情隔离期间，很多低收入人群离开大城市，返回自己的家乡：北上广深的人口大幅减少，小城市的人口增加。由于大部分人都有自己的住宅，而且买房时的杠杆率极低，所以家乡的生活成本其实非常低。而中国人高达45%的储蓄率，也使得大部分家庭短时间内还有充足的存款去应对疫情冲击——和美国住房的高杠杆不同，中国住房贷款余额占GDP的比例仅为47%，与美国（约60%）等国家相比并不高，所以住房也充当了疫情的减震器。

这些信息透漏了些许积极的讯号，但这并不意味着中国无须面临"财富分化"持续恶化的趋势。

一个不容忽视的趋势是，中国前 1% 的富豪的财富份额一直持续上升，这部分人群挤占的包括两个阶层：一是中产阶级，同期 50%—90% 的中间层财富份额下降了 26%，二是后 50% 的人口（基本可以看作农民群体和城市贫民），他们收入则从总收入的 16%，下降到 2015 年的 6%——虽然没有美国的"0"那样触目惊心，但是这样的趋势和速度也难免让人忧心。

更重要的是中国所处的增长阶段和模式的变化，也会让不平等的冰山更快地向我们浮来。就像我之前说的，高增长时大家的注意力在"效率"上，主要考虑怎么更好更快地烤出更多蛋糕；增长机会少了，大家的注意力一定更倾向于"公平"，要考虑怎么更好更合理地分配现有的蛋糕。

更何况，大城市分化的节奏只会加快，很难减缓。2012—2013 年，中国从制造业驱动逐渐转向服务业驱动的模式。服务业对人口密度、人口质量都要求更高。而服务业中很多人力资本密集型的行业，比如资产管理和交易、半导体和集成电路、商业智能分析、设备设计、儿童服务、广告设计、数据集成和应用，几乎都只能在大城市活下来，这也为大城市带来了更高的资源利用效率，更低的人均成本，更通畅的知识和信息传递。这一切都意味着以城市房产为财富主体的中国居民的财富差距一定会继续拉大：这个趋势可以减缓，以时间换空间，但无法逆转。

此外，还有下面章节里我们将详细讨论的，数字化、智能化导致的劳动力市场分化以及不可避免的低利率通道，这些力量在未来会继续撕扯中国的社会阶层。

那么，有什么白衣骑士可以阻挡贫富不均的步伐吗？

它山之石可以攻玉，别国的经验教训总是可以吸收。比如说房地产上坚持"涓滴渗透"的方法，让资金"较均匀"而不是"最高效"地在各个城市分配；比如考虑采取欧洲、日、韩的高累进税制，包括个人所得税、遗产税和资本利得税，以及制定高福利政策，替社会"托底"。

但这些归根到底都不是根本。和欧美不一样，中国还没有进入稳态增长的阶段，根据2019年我国刚刚达到人均GDP 1万美金的发展水平，我们还有"增量"的机会。

2020年10月29日五中全会的公报中，有一句话叫作"2035年中国人均国内生产总值达到中等发达国家水平"，这是整个公报中最亮眼的一句话，也是首次提出的一句话。所谓达到中等发达国家收入水平，大约是人均GDP达到2万美金，现在刚到1万，这意味着未来的15年内中国经济要翻番，也就是说每年要保证4%—5%的经济增速。考虑到边际增长率的下降，未来5年需要保持更高点儿的增速，为之后任务的完成留下足够的空间。这代表着"增长"还是未来15年的主旋律。套用一句著名的论断，"让发展的问题在发展中解决"——增量会部分地暂时淡化分配问题。

但是我们也要避免增长过程中的失衡——增长果实需要让

更多的，尤其是后50%的人分享到。怎么分享呢？从工棚城市化转向市民城市化——说得更直白些，要让那些工作服务在大城市的"新移民""农民工"以较低的代价获取城市价值上升中的权利，享受到公共财富的增值。

与"遍地开花"的传统制造业不同，对于人力资本密集型的服务业来说，知识、创意成了增长的源动力，而这一切需要依附于高度聚集的大都市和城市群。例如，大都市的繁华商业区看到最新的消费潮流，可以成为创业者开办生意的养分；大都市有更多的博物馆、艺术展览和多不胜数的广告牌，可以给艺术创作者带来启发。此外，大城市高度的专业分工，也让更多人有了提高收入的空间。一位高级怀石料理师傅，回家乡发展也许只能做一家小菜馆的厨子；一位数次登上《时代周刊》的喜剧宗师，如果在小县城可能只有靠摆地摊才能养家糊口。

张明明是东北盘锦市的一个职高的学生，2012年毕业后到北京，从底层销售开始做起，现在已经是一家荷兰数据公司的销售小主管，年薪30多万，他的同学留在盘锦的，最好的出路也就是当公务员，每月收入2000多元。2020年县城财政越来越紧张，同学愁眉不展，他们公司受益于数字化，业务量大增，上半年光奖金就多了7、8万。

的确，让更多人"进城"，是提高全民收入的不二法门。但是，张明明有自己的烦恼。一是没有户口，孩子以后读书、家里买房都面临问题；二是北京虽好居不易。他家里是小县城的普通人家，积蓄不多，很难支撑他买房，靠他30多万的年收入，即使不考虑"落户分数"的问题，也很难买得起北京的房子。只要买不起房，再过一个8年，张明明也不是"北京人"，他的孩子也不是北京人，将面临升学、就医、社保等诸多会在代际上有巨大影响的问题。

这些，不仅仅是公平与否的问题。实际上，这才是中国经济最大的"效率"和"增长"问题。

除了进出口外，增长主要就是投资和消费两块。一个经济转型专家们爱用的词语叫"拉动消费"，但消费又不是天上掉下来的，消费是收入和财富的函数——扪心自问，我们是否没钱的时候消费得战战兢兢，只有收入足够高，家里储蓄足够丰厚的时候才更愿意花钱，花钱更安心？为什么这逻辑到别人身上就消失了呢？拉动消费的根本在于让更多的居民有收入、有财富、有安全感。现在的商业模式大多都将眼光投在大都市圈这几亿"中产阶级"的"消费升级"，这当然没错。但是再想想，中国可是有14亿人口的大国——要知道，中国居民只有不到4亿人坐过飞机，1.5亿人有护照，可能出过国，不到1亿人喝过星巴克，不到4亿人有驾照；此外，还有5亿人没用过互联网，至少5亿人没有用上冲水式卫生厕所……

让另外1亿、2亿，甚至更多的人成为"中产"，让中间层的收入提高，财富上涨，创造流动性，让下面的人有上升的机会，让中间的人有继续攀登的希望——这才是中国最大的增长潜力所在。所以下一阶段的问题不仅仅是经济翻番，更需要让增长果实向中下层倾斜，尤其是上一波增长分配中被落下的人群，让他们成为"新中产"。

问题来了，怎么让这些人成为新中产？

太阳底下并没有那么多的新鲜事。20世纪中期的美国、英国、日本等发达国家的历史、21世纪初的中国经验都告诉我们，首先要让更多人拥有资产——大城市房产是其中首选。所以，我们接下来应该做的是"**在核心城市大规模建造安居房，帮助以农民工为主体的新市民以较低价格在城市安家置业，创造新一代中产**"[1]——这就像1998年住房制度改革，存量住房开始私有化，当时很多人折价买房，将公房转成商品房，本质上是一种福利型的增长政策，在刺激需求的同时让住房得以相对公平地分配。目前来看，这个被称为"二次房改"的方案是一个较能兼顾公平、效率两面的路径。"大规模"和"较低价格"是其中两个关键要素。大规模是指普遍性，较低价格则是普惠性，两者缺一不可。没有足够规模，拉动效应不强，缺乏较低价格，无法实现。

房地产是现代经济体最重要的支柱行业，具有其他行业不可比拟的拉动效应——这不是中国的独特现象，而是全球自20世纪以来的共同经验。斯坦福大学经济学终身教授路易吉·皮斯特费里（Luigi Pistaferri）等学者提出的财富效应，[2]美联储的

---

1 徐远：《疫情的经济后果：以二次房改增强经济动能》，在第142期朗润·格政论坛上的演讲。
2 Paiella Monica and Luigi Pistaferri, "Decomposing the Wealth Effect on Consumption", *Review of Economics and Statistics* 99, 2017.

马特奥·亚科维洛（Matteo Iacoviello）等学者提出的抵押品效应，[1]这些研究都就地产对经济增长的拉动作用进行了深入的阐述。按照徐远教授在《疫情的经济后果：以二次房改增强经济动能》中的估算：假如针对以农民工为主体的新市民，每年兴建1000万套安居房，套均面积50平方米，套均投资100万，每年直接投资10万亿，可保证10—15年每年5%+的高经济增长，会让未来10年中国得以继续处在"增量经济"的通道上。

更重要的是，"二次房改"如果能够完成，中国的城市化才真正走上正轨——将城市权利赋予替城市承担义务的人，将工棚城市化转化成市民城市化，让城市的创造者、建设者享受到城市增长的果实，也分享到中国巨大公共财富的红利。庞大数目的新中产只有在房产的财富效应下，才能真正完成"拉动消费"的命题，也才能让"消费升级"保持更久的活力和空间。

对于我们这样一个人均GDP刚跨过万元美金，仍然有十亿多"不富裕人口"的大经济体来说，只有增长是真正的解药。只是，这个增长的过程需要不断矫正，让增长的果实能被更多的人得以分享。

"人们好多年来，在寻找太阳，我想知道，谁能够停下这场雨。"幸运的是，我们知道自己还有选择。

1　Matteo Iacoviello, "House Prices, Borrowing Constraints, and Monetary Policy in the Business Cycle", *American Economic Review* 95, 2005.

第三章

数字摩登时代

CHAPTER 3

我最爱去的唱片店，昨天是她的最后一天，曾经让我陶醉的碎片，全都散落在街边

我最爱去的书店，她也没撑过这个夏天，回忆文字流淌着怀念，可是已没什么好怀念

——新裤子《没有理想的人不伤心》

2020 年的赢家

2月16日，情人节刚过，全国大部分地区还在隔离中，阿里旗下的线上办公App钉钉突然在B站发布了一条鬼畜的洗脑神曲，脑洞清奇地跪求小学生们（"少侠们"）放过自己，别再给自己打一星了。

"……少侠们，请你们饶命吧

大家都是我爸爸

我还只是个5岁的孩子

却加班到脱发

少侠们，是在下输了

被选中我也没办法

不要再打一星，不然我只能去自刷

少侠们，请问这样行不行，我求求你们了！"

故事是这样的：新冠期间，小学生们正在为不用上课而窃喜时，教育部决定选用钉钉做网课平台——"社畜们"都知道，钉钉是黏人软件，早上"嘡嘡嘡"催人老，上下班花样打卡无处遁形，几十个工作群消息此起彼伏。小学生的玩耍时间因此被严重侵占，这届小学生纷纷大怒，听说App一星级以下会被下架，少侠们开始出征各大应用商店，给钉钉刷爆一星差评。这事儿因此还上了热搜。阿里也真是老江湖，一见大事不妙，马上反手一波危机公关，在"后浪们"出没最多的B站，上线《钉钉本钉 上线求饶》的鬼畜风格视频，卑躬屈膝地求小学生们"放过"，大刷了一波好感和存在感。

对钉钉的员工来说，2020年是春暖花开的一年：光一季度月活用户数就翻了一倍多，达到1.77亿，一把解决了之前市场对它最为担心的增长瓶颈问题。除了钉钉以外，阿里家族也全面受益：根据易观的统计，第1季度盒马生鲜的用户数量达到1735.1万人，环比增长34%，成为生鲜电商领域第一应用；菜鸟裹裹2020年上半年的寄件量较2019年同期增长70%。从4月1日到10月20日，半年时间阿里巴巴股价上涨了65.2%。阿里当然不是唯一的受益者。在线办公、在线教育、在线医疗、电商等行业，业绩普遍暴涨。根据中国互联网络信息中心的统计，截至2020年6月，在线政务服务用户增长52%，在线教育用户增长64%，网络直播用户增长30%。从4月初到10月20日，腾讯股价从383.6港元涨到了566.5港元，美团股价几乎翻倍。猿辅导、作业帮等线上教育都拿投资拿到手软。美国也一样，亚马逊、特斯拉、谷歌、苹果这些数字化企业都成了造富机器，规模、利润、股价都一路狂飙。

只要和线上化、数字化沾亲带故的工作岗位，也都是一片"生活因你而火热"[1]的场景。随着业绩上涨，阿里扩招。2020年新招3万个岗位，不仅有门店的配送、分拣等蓝领岗位，也包括采购、市场、技术、运营等白领岗位。阿里云宣布，一年内将在全球招募5000名员工。菜鸟裹裹也将新增3万名专职快递小哥。阿里的数字化新业态也衍生出许多"奇葩"的新兴工作岗位：天猫精灵以日薪8000元的高薪招聘能说地道河南方言的声音模特，达摩院平头哥（阿里旗下的芯片公司）则想招聘有强迫症的芯片验证师，希望他们以追求完美的心态给芯片设计"挑刺"。

我们研究了主要招聘网站的数据，发现前8个月，网络主播、数据分析处理工程师招聘人数同比上涨50%左右，程序员招聘人数同比上涨22%，招聘薪酬也上升了10%左右。在线教育行业高薪抢人的新闻频上头条：8月，根据有道精品课发布的

1　新裤子同名专辑。

招聘信息，K12小初学段主讲老师的年薪在40万—100万元之间，高中大班课主讲老师的年薪50万元起，优秀者年薪可能超过100万元。猿辅导在线教育给2021届毕业生开出了25万—50万元不等的年薪；字节跳动旗下教育产品清北网校称将为优秀教师提供"年薪两百万，上不封顶"的薪资待遇。

美国也是同样的情形。截至2020年7月，计算机及周边设备、数据处理、托管和相关服务的就业人数还有小幅上涨。

如果光看这些场景和数据，很多人恐怕会感觉就业市场形势一片大好。但实际的情形是，2020年是劳动力市场的天灾之年：截至3季度，全球减少的工作时间相当于3亿全职工作岗位的流失，整体收入降幅超过10%。经合组织（OECD）国家的失业率达到1929年以来的峰值，美国的失业率更是达到二战后的最高点，最严重时一个月有近2300万人首次领取失业救济金——这个天量数字让多年研究劳动力市场的学者都目瞪口呆，甚至觉得要改写劳动经济学的教科书了。从目前的情况来看，这次疫情对劳动力市场的冲击起码是2008年金融危机的10倍。

然而，在就业市场一片惨淡的光景中，数字化相关的职业却一枝独秀。套用一句烂俗的话，2020年一场疫情后，**"数字化"或成为最大赢家**。

难怪在9月份的中国绿公司年会[1]上，马云半语重心长半踌

1　中国企业家俱乐部于2008年创立中国绿公司年会。年会以企业家为主要参与群体，关注商业生态，探讨商业可持续发展的课题，是颇具影响力的商业论坛。

躇满志地说，"在今天所有巨大的不确定当中，我认为数字化是确定的，数字化一定会全面改造所有的行业"。这话不是妄言，实际上，2020年6月美国云计算通讯服务公司Twilio一项针对全球（包括美国、英国、德国、澳大利亚、法国、西班牙、意大利、日本、新加坡9个国家）2569家企业的调研结果就已经显示，这次疫情会将企业的数字化进程提前6年。

谁被困在系统中

2020年9月8日，一篇《外卖骑手，困在系统里》的文章刷爆朋友圈。文中，一个名叫"朱大鹤"的外卖骑手发现，在过去三年多的时间里，自己被要求在越来越短的时间内完成同样距离的配送——2016年，美团3公里送餐的最长时限是60分钟，2018年，这个数字缩短为38分钟。2019年，中国全行业外卖订单单均配送时长比3年前减少了10分钟。时间的缩短是因为平台的智能算法逐渐"优化"。优化过程是这样的：骑手们的收入和考核指标紧密相连，而考核指标中的准点率、超时率、投诉率等，都会和送餐时间相关。为了有更好的考核成绩，骑手们不惜以逆行、超速、闯红灯等违规行为来与时间赛跑，制造出效率更高的指标数据——这些数据又会形成新的平均指标，反过来变成骑手们新的考核指标。换句话说，骑手们跑得越快，平均送达速度提高得就越快，随之就会被要求以更快的速度送达，骑手们则无奈地疲于奔命，就此形成了一个往复循环、旋螺上升、越逼越紧的反馈机制。这种"高效"和"优化"的背后是平台基于大数据的系统和算法。骑手们创造了大数据，算法分析大数据、再反过来"控制"骑手。数字时代，人成了一个数据符号，被围困在了系统里。

这一幕，人类社会其实不陌生。

将近100年前，电影《摩登时代》片头字幕意味深长地写着，"本片讲述工业时代，个人企业与人类追求幸福的冲突"。片中的主人公查理是20世纪初大机器工业时代背景下的小工人，为了赚取微薄收入，他日以继夜地在机器隆隆作响的厂房里工作。工厂遍布监控，甚至连洗手间都有，为的就是不让工人有偷懒的机会。面对高强度的工作，查理成了生产流水线上的一个机器，最终因神经错乱而住进了精神病院。

时间再往前，18世纪中期第一次工业革命时，由于纺纱机的技术进步，一名工人将1磅棉花纺成纱线所需时间从500小时缩减到3小时。机器生产逐渐替代了手工劳动，大批手工业者破产。1779年，一位名叫内德·卢德（Ned Ludd）的英国织布工怒砸两台织布机，并获得了大量工人的支持。他们认为，消灭机器就可以把原来属于自己的工作拿回来。1811年至1813年间，工人们发起了声势浩大的"卢德运动"，他们冲进纺织厂，捣毁机器设备。

后来的事情我们都知道了，卢德运动没能阻止机器代替人力，生产流水线也成了工业社会的标配。尽管技术进步最终创造了大量工作岗位，将人类社会的增长推进到了前所未有的高度，但是在变革的过程中，很多来不及做准备的普通劳动者就被遗弃在了旧时代的阴影中，社会动荡，暴力革命，也随之而来。

技术进步换成了"数字化"的这次变革，历史会不一样吗？

答案有点扎心。尽管数字化和之前的技术进步一样，本质上仍然是胜利者的狂欢，但数字化是更加有偏向性的技术进步，高技能、高创意、高收入的群体被赋能。这会导致两个细节上的差异：第一，被冲击的人群覆盖面更广；第二，赢家通吃的趋势会加大。

这是一个有点残酷但几乎不可逆的结论：数字化已经，正在，还将继续加速人类社会的"分化"。

作为仍然保留着人文主义关怀的知识分子，写到这里的时候，心中难免有点悲凉。但站在现实主义的学者角度，我们这些普通个体，都是时代的"价格承受者"(price taker)。既然时代不可逆，那么更理性的个人策略可能不是恨天怨地，而是追问一些更现实的问题并找到答案，比如：

在这场数字化浪潮中，谁会被抛弃，谁又会是胜利者？

数字化进程中，哪种姿态，哪个方向更可能会通向上坡路？

要找到这些问题的答案，我们要首先弄清一个基本概念——数字化的本质是什么，为什么它会加速分化？

数字化：从抽象化、标准化到智能化

（1）数字化的本质

假如将视野放在历史的大背景下，我们就会发现，"数字化"根本不是新鲜命题——

古巴比伦的《汉穆拉比法典》共有282条法律，对刑事、民事、贸易、婚姻、继承、审判等制度都做了详细的规定；秦始皇在全国设置郡县，统一度量衡，对人口进行登记管理；罗马帝国也将全国划分为若干行省，并建立了人口普查制度，对全国各地居民的人口数量和财产状况进行调查登记……这些都是人类文明早期的"数字化"管理。更进一步，从文字的产生，到货币的创造，从五线谱的发明，到资产负债表、收支两条线等金融会计概念的普及，从近代科学的进步，比如声波、光谱、电流，再到计算机语言，等等，都是"数字化"或者"代码化"的表达。可以说，从结绳记事开始，人类文明史就是一部不断数字化的历史。

从广义上理解，**"数字化"就是信息从具象到抽象，从模糊到精确，从主观到客观的转化过程。**通过这个转化，信息会变得简单，容易扩展、储存、传输和处理。换言之，数字化的本质就是抽象化、标准化和结构化。

举个例子，"北京大学的 10000 名员工"——现实世界中这条信息牵涉到 10000 个迥异的个体，理论上，一个正常人根本没有办法处理这样复杂和庞大的信息量。怎么办？首先我们可以从性别、年龄、籍贯、职称、工作年限等各个维度进行抽象，然后基于这些抽象后的信息编制人事档案名册——这一步意味着我们将 10000 名完全不同的人进行了"标准化"和"结构化"的处理。通过这样的处理，组织协调人群的时间和成本极大地减少，管理效率得到极大提高——这就是很粗放和低阶的"数字化"。

但这些人事档案的结构化程度还不够高，因为各单位处理信息时都有自己的一套标准，所得数据的通用性差，它们只能算是散落在各单位档案柜里的"死"数据；而且"性别、籍贯"这些抽象表达也是粗颗粒度的，数据呈现的画像也比较模糊。有了计算机之后，我们就可以继续对信息进行"数字化"：将这些粗颗粒度的文字信息全部转化成计算机语言，即更加通用的数字信息，这就是俗称的"编码"。随着计算机技术的不断进步，越来越多信息都可以编码，进行数字化转换，做批量处理和开发——这就是更高阶的数字化。

从互联网出现到移动互联网流行，是数字化中最具革命性的一步。通过移动终端，北京大学 10000 名员工的行为和交互逐渐线上化，被连接，形成海量的数据。这种数据和之前的"数据"有本质区别：

第一，数据量极"大"，这也意味着信息的颗粒度极细。它们不仅仅包含"性别、籍贯"这些基本属性数据，还包括人们在互联网上留下的点击、搜索、留言评论等数字足迹，可以由此提取出兴趣爱好、行为规律、心理特征等一系列标准化标签，从而拼出"高像素"的用户画像。

第二，它是即时、动态的"活"数据。过去传统经济模式下，数据是单线传递的，一个企业想要获得消费者的反馈，必须建立一个营销团队，甚至雇佣专门的咨询公司来做市场调查，形成的是成本高、时滞长、信息粗放的"死"数据。而在数字化时代，互联网记录了社群之间的实时互动。在电商平台上，随着消费者的点击、付款、评价等动作，厂商就即时接收到了消费者的反馈信息，并根据这些信息进一步优化产品和服务。这样，数据就变成了流动的生产要素，不断提供增值服务，改进后进一步再产生新数据，形成"活"数据的反馈闭环。

所有数字化平台都依赖于类似"活"数据的反馈闭环。例如，视频平台Netflix（奈飞）会将视频内容细分为7万种视频"微类型"（micro-genres），挖掘用户偏好，再通过元素的重组，为下一步新的影视内容摄制提供参考。Airbnb（爱彼迎）会根据后台的数据分析，下架有不良记录、差评较多的房东的房源，将经验丰富、评价较高的房东的房源置于推荐列表前端，从而提高房源和房客之间匹配的成功率。之前静态的离散的数据，对应的是物理世界里的一些历史信息，随着人类社会线上化的渗透越来越深，数据量呈指数级增长。以脸书和微信为例。截至2020年9月底，脸书服务"家族"（包括脸书、Instagram、WhatsApp和Messenger等）用户数已超过30亿，以此计算，脸书大概记录着2850亿对社交关系每时每刻的变化。2018年的微信App，平均每天有450亿次信息发送出去，4.1亿音视频呼叫成功，这相当于平均每个活跃用户每天发送42条信息，每隔两天半就有一次音视频呼叫。按照摩尔定律，全球数据量大约每两年就翻一番。据全球著名市场研究公司IDC的统计，2005年，全球每年生产的数据量是130EB，到2016年，这个数字是18ZB。[1]中间差了大约142倍。2019年，这个数字又攀升到了41ZB。按照这样的速度，再用22年的时间，到2041年，数据量就会是2016年的1000倍。这意味着，数据的颗粒度越来越细，覆盖面越来越广，这些即时的活数据对现实物理世界映射的精确度越来越高，逐渐形成和现实世界对应的"线上数字世界"。

至此，人类的数字化进程进入了从量变到质变的阶段，一个最重要的变化是商业逻辑改变了。

（2）数字世界的商业逻辑

基于数字化即标准化、抽象化的讨论，"数字经济"并不难理解：无非是现实中经济活动以抽象化、标准化"数字信息"表达的部分。正因为其抽象化和标准化的特征，每个个体加入

1　EB和ZB是数据存储单位，1EB大约相当于10亿GB，1ZB等于1024EB。

时，都不需要重新调整系统，边际调整成本为零。这使得新用户的进入成本极低。而新用户的加入会对其他用户带来潜在正收益，这种网络效应会推动线上世界滚雪球式地扩张。举个例子：使用微信支付的消费者越多，微信支付收款码对于商户的价值就越大；而使用微信支付收款码的商户越多，微信支付对消费者的价值也越大。这种正向互动就会推动越来越多的消费者和商户加入微信支付的世界。当用户总数突破临界点，会出现"赢家通吃"的效果，潜在竞争者就难以撼动其江湖地位。

这意味着，一个"数字经济"企业更容易实现规模化，也容易支持复杂的结构和生态。在这个逻辑下，我们很容易明白，为什么那些"数字经济企业"常常呈现出几何级数般的增长速度，为什么"平台"越来越成为我们这个时代的企业组织模式，为什么在数字经济领域里，我们会越来越频繁地观察到"跨界""破圈"这些现象。

沃尔玛做到千亿销售额花了35年，[1]而亚马逊花了18年，淘宝和天猫更是用9年就迎来了千亿美元销售额的里程碑。[2]微信、脸书这种"数字社区"更是呈现出"病毒式"的扩张，微信用6年时间覆盖了9亿人口，脸书成立13年就吸引了20亿用户，覆

1　沃尔玛百货有限公司成立于1962年，1997年沃尔玛年销售额首次突破千亿美元，达到1050亿美元。

2　亚马逊成立于1994年，2012年亚马逊GMV（网站成交金额）突破千亿美元，达到1080亿美元。淘宝网成立于2003年，2011年淘宝和淘宝商城（即后来的天猫）交易额为6321亿元，按当年汇率计算不足1000亿美元。2012年12月，阿里巴巴集团宣布，截至2012年11月30日晚9点50分，其旗下淘宝和天猫的交易额本年度突破10000亿元，按当年汇率计算约为1600亿美元。

盖130多个国家。更令人惊异的是社区的复杂度——脸书允许用户拥有的好友数量多达5000名，而通常用户的好友人数为190人左右。

但这其实还只是第一步。随着数字平台对人类社会生活的深度渗透——除了我们熟悉的淘宝、微信、美团以外，还有亚马逊、谷歌、脸书、优步等，它们已经实现了对普通人生活的全方位覆盖，"数字世界"逐渐演化成为一个有"人的行为活动"的动态三维世界。和线下物理世界相比，这个世界由标准化和抽象化的数据构成，是一个更有规则、更可控和更可预测的世界。这些特征使得线上数字世界具有了影响线下现实世界的能力——利用动态即时的大数据一步步去优化产品、流程、决策开始成为现实。换言之，作为数字化的高级阶段，数据驱动的"智能化"开始全面启动。

数据驱动的生产服务效率会提高。比如：外卖平台基于骑手们的行为大数据，设计新规则和新考核指标，倒逼送餐效率提高；社交媒体依靠庞大的用户行为数据库，挖掘用户自然属性、兴趣爱好、行为特征等标签，帮助广告主锁定目标用户群体，实现高效营销；等等。2020年9月刚刚面世的阿里"动物园"的新成员——犀牛智造，将数字化浪潮推进到了工业时代的核心堡垒——制造业工厂流水线，犀牛智造运用云计算、IoT(International of Things，物联网)、人工智能技术，为工厂赋予"智慧大脑"。以服装生产的数字化来说，每块面料都有自己的"身份ID",进厂、裁剪、缝制、出厂可全链路跟踪;产前排位、生产排期、吊挂路线,都由人工智能机器做决策,大幅提高了生产效率,将行业内平均1000件起订,15天交付的流程,缩短为100件起订,7天交货。在消费端,背靠淘宝、天猫的海量用户数据,基于大数据和算法分析,犀牛智造可以有效地预测大部分细分市场和行业的消费趋势,而且能精确到未来一个月能卖到多少件,指导厂商生产爆款。两年前马云对新制造的设想——"从5分钟生产2000件相同产品,到5分钟生产2000件不同产品"[1]逐渐成为现实。

更重要的一点,"数字化"开始逐渐成为"背景"。近10年来,不仅仅是这些为我们熟知的数字平台企业,实际上几乎所有的传统产业公司都在进行数字化改造。

宝洁前CEO 罗伯特·麦克唐纳(Robert McDonald)就是企业数字化转型的拥趸。在宝洁的工厂,生产流程中产生的实际数据能实时反映到虚拟工厂的场景上,实现数据可视化,之后再来指导生产。在运输和物流环节,宝洁则创建了一个被称为控制塔的加强型数字运营平台,通过平台能看到所有的运输活动,包括厂内和厂外,原材料和产品。市场营销方面也在从传统媒介向数字展示、在线视频、搜索营销等非标准媒介转移。

---

[1] 2018年马云在云栖大会上的演讲:"新制造将会重新定义制造业,重新定义客户市场,重新定义供应链,重新定义所有的制造和商业的运营和服务,它是一场技术的革命,不是互联网企业和传统行业结合就是新制造,也不是一个产品加上芯片就是新制造,定义新制造的标准为是不是按需定制,是不是个性化,是不是智能化。"

实际上，从新原料采购，零售商关系，到生产产品，再到品牌与消费者的沟通，宝洁已经是一家高度数字化的企业。自1955年《财富》发布500强排名以来，宝洁始终保持在150名以内，2020年全球市值排行中排名第16位，这和其快速的数字化转型密不可分。

传统报业巨头《华盛顿邮报》也是数字化转型的典型例子。2013年，亚马逊CEO的贝索斯花2.5亿美元收购了《华盛顿邮报》，此后便大步伐推进数字化进程。在内容方面，《华盛顿邮报》大幅增加了有原生数字媒体从业经验，擅长应用各种新潮工具来做视频、互动和数据报道的记者和编辑的人数。在技术方面，建立了诸多智能系统来辅助新闻编辑。例如：Bandito是该报新闻编辑室常用的未出版稿件受欢迎程度预测系统；Loxodo是一套定制型的编辑分析系统，可以通过算法比较该报和其他媒体发布新闻的速度、质量和向移动平台推送内容的数量差异；Arc则是该报的内容管理系统，为数据分析师抓取大规模的底层数据，并可以通过算法管理个性化内容。贝索斯收购该报两年之后，数字业务的独立用户访问量就增长了177%。与之相反，大批传统媒体面对数字化新媒体的冲击时多是左支右绌，走向了末路。2019—2020年，《法制晚报》《新商报》《北京文摘》《生活日报》等一大批名声赫赫的纸媒相继宣布停刊。

随着数据逐渐成为必要的生产要素，数字资产份额越高的公司，效率越高，成本越低，规模和网络效应也越显著。这个趋势反过来加重了数字时代的二八分化，绝大部分增长都越来越集中在数字科技头部企业中。2006年，彭博公司发布的全球市值最高的10家公司的名单中，绝大部分都是在通信、能源、金融领域有着悠久历史的公司，只有微软作为"数字化企业"鹤立鸡群。14年后，全球市值最高的10家公司中有9家是数字化科技公司，[1]而且这一趋势还在持续中。

偏向性技术进步与劳动力市场极化

总结下来，"数字化"就是现实世界逐步被标准化、抽象化为数字信息表达的过程。人类社会一直在缓慢的数字化进程中。计算机、(移动)互联网的出现使得这个进程呈现出指数级加速的趋势，一个动态的三维的"线上数字世界"形成，服从摩尔定律的技术进步降低了交易成本，提高了生产效率，产生了新的生产要素——数据，并开始对线下物理世界产生影响，数字化从抽象化，标准化，开始演进到智能化的阶段——截至今天我们已经在数字革命全面展开的前夜。

从历史来看，机械化、电力化等几次大的技术进步都给人类社会带来了普遍的增长，即使有短暂的波折，最终整个人类社会也都从中受益匪浅。但是到了数字化这里，越来越多的人开始忧心忡忡，就连科技狂人马斯克都曾公开表示，认为"人工智能

---

1 唯一的例外是伯克希尔·哈撒韦。

是我们人类文明有史以来面对的最大威胁"。这是为什么呢?

　　老齐是我的调研对象之一。之前他是湖南湘西自治州一家旅行社的小老板。他是湘西本地人,20世纪90年代大学导游英语专业毕业后就到张家界做了英语导游——那时候这是热门职业。尤其在张家界这种小地方,英语导游穿着光鲜,操一口流利的英语,经常出入大酒店,跟外国人打交道,收入也高,让很多年轻男女羡慕不已。2000年左右,老齐看准了国内旅游市场的兴起,就自己创业做了个旅行社。张家界这些年是旅游的大热点,旅行社的生意一直不错,他买了房,养了两个孩子,日子还蛮滋润。

　　2015年后,老齐感到有点不对劲——报旅游团的人越来越少,年轻人多数都在各大平台上定自助游。老齐旅行社的营收大幅下滑,员工也陆续离职,2017年以来主要就靠小型的老人旅游团支撑。为了节约开支,已经很多年不亲自带团的老齐又重操旧业,开着那辆有年头的小巴车,陪夕阳红旅游团游览。老年团价格很难上去,老人们的身体也格外要注意。一单做下来,收支基本都是勉强持平,有时候还会亏点。2020年疫情来袭之后,旅游业基本停摆。老齐的旅行社勉强撑了2个月,4月份还是关门了。家里两个孩子,老大读高中,老二马上初中毕业,都是要花钱的时候,太太没工作过,一直这么坐吃山空也不是办法。老齐去招聘网站看过,但光年龄这一项就断绝了大部分工作机会，而且稍微像样一点的工作对计算机水平都有要求。思前想后，老齐琢磨着自己对市区交通还算熟，就做起了网约车司机。这行不难，但是真靠体力，算下来一天得跑15个小时，才能拿到200—300元的净收入。老齐太太买了两个保温桶，每天给老齐带饭。累了找个地方吃口家里的热饭菜，一是卫生，二来也节约开支，省时间。

两三个月下来，老齐瘦了一大圈。他自嘲说10来年想减的体重倒是轻松减掉了，就是车开久了浑身酸痛。快奔50的人了，也不知道这么拼体力还能拼多久。我们边喝茶边聊天，老齐穿着一件白衬衣，虽然有点旧了，但还熨烫得很平整。衬衣的牌子我认识，叫作"金利来"——这也是90年代的一个香港品牌，是当时南方城市中产以上男士的最爱，这应该是老齐当年的标配。我和老齐见面的地方是长沙富丽华酒店——这是长沙最老的一家豪华酒店，现在虽然有点陈旧了，但90年代时还是很风光的。聊了一会儿，老齐环顾了一下酒店大堂，然后收回眼神，抱歉地对我笑笑，说："小唐，我年轻的时候经常在这里接团。"

我站在酒店大堂门口，送别老齐，看着他瘦高的背影，微微有点佝偻的背。他身上那件陈旧的但洁净的老式名牌衬衣，写着一个中年男人在时代浪潮中被摔下舢板后所能维持的最后的尊严。

在过去的20年中，"老齐"不是一个特例，而是被极化的劳动力市场的一个剪影。

　　20世纪，个人计算机的普及被视为"个人主义、自由主义"的春天，互联网出现之时更是承载了技术极客们"开放、自由、平等、民主"的愿景。2010年，美国社会学教授托马斯·斯特里特（Thomas Streeter）在《网络效应：浪漫主义、资本主义与互联网》（*The Net Effect: Romanticism, Capitalism, and the Internet*）一书中，回忆着互联网刚刚诞生时人们的热情：计算机的普及会让人类对世界拥有越来越大的主动权，会"产生日常生活经验和新自由主义经济视野的一致性，每个单独的个体都独自经营一个世界、不依赖他人，每个人都处于自我掌控的状态中……"

　　但世界的反讽之处就在这里，70年代之后，随着信息技术进步后大面积应用落地，全球劳动力市场出现了"极化"的现象，即纺锤形的劳动力市场被杠铃式的劳动力市场所取代。以1997—2019年间的美国为例：高技能向的牙医的岗位数量增加了57%，实际工资上涨了26%；中等技能向的普通白领职业——簿记、会计、审计职员的岗位数量减少了13%，同时实际工资上涨幅度为牙医的一半；低技能向的蓝领职业——餐厅厨师的岗位数量虽然增加了93%，但实际工资仅仅上涨6%。实际上，几乎所有中等技能向的工作岗位（比如传统的生产、销售、行政类白领岗位）在逐渐消失，低技能向的工作岗位（比如服务或者体力劳动岗位）的数量上升，但实际收入水平不变甚至下降，只有高技能向的工作岗位（比如技术、管理及专业人士）在数量扩张的同时，收入水平也在快速上涨。

换句话说，20世纪70年代之后，"普通白领"的岁月静好消失了，要么上升到"精英层"，要么下跌至低收入群体，收入的普涨被分化的上涨所取代。整个世界越来越像一个巨大的K型结构，没有中间路径，要么爬到上坡，要么滑入下行通道——这种极化的局面，和这半个多世纪以来的技术进步有着密切关系。

技术进步对就业的影响从来都是经济学最关心的问题。从亚当·斯密时期开始，大多数经济学家认为，从长远来看，技术进步可以带动生产率的提高，提升人均收入水平，创造新的就业机会，是人类社会发展的发动机。

然而实际的情形是，技术进步的阳光并不会普照大地，总是偏爱某一类人群，却冷落另一类劳动者——这叫作"技术进步的偏向性"。按照新技术对不同技能水平劳动者的互补或替代倾向，一般将技术进步划分为高技能偏向型和低技能偏向型。也就是说，如果某个时期的技术进步是高技能偏向型的，那么该技术可能会替代低技能劳动者，同时与高技能劳动者形成互补，高技能劳动的边际产出就会上升，刺激高技能劳动力的市场需求，高技能劳动者的工作机会增加，收入也会上升。反之，如果某个时期技术进步是低技能偏向型，那么低技能劳动者的就业机会和收入都会提升，而高技能劳动者的就业机会则会下降。

第一次工业革命期间的技术进步普遍被认为是低技能偏向

型的——当时英国的主要工业棉纺业以手工制造为主。技术精湛的手工业者需要经过长时间的学习和经验积累，属于工业革命之前社会的"高技能劳动者"。当工业革命开始后，飞梭、珍妮纺织机、水力织布机、瓦特蒸汽机等一系列技术革新让棉纺织业快速机械化，刚进城的农民、甚至十几岁的孩子，短时间培训后就可以操作简单机器。因此，工厂主们用廉价的机器操作员替代报酬较高的技术熟练的工人，原本的"高技能劳动者"大受打击——这就是低技能偏向型技术进步。

之后的技术进步越来越倾向于"高技能偏向"。比如20世纪集装箱的发明引发了现代物流业的变革，码头转而大量雇佣工程师、程序员、技术工人等中高技能劳动者，传统码头搬运工人等低技能劳动者则失去了工作，这就是高技能偏向型技术进步。

工业革命以后的教育体系，尤其是职业培训和高等教育体系，使得"学历"和"认证"逐渐成了劳动力技能的重要量化标准：学术研究中，一般将本科及以上学历的劳动者视为"高技能劳动力"，反之则是"低技能劳动力"。[1]

20世纪末以来的数字化则进一步加强了这种高技能偏向型：由于数据本身具有正的外部性，即随着数据量的增大，其边际价值会增加，驱动了数字技术进步的快速迭代；而且，数据的

1　Acemoglu Daron and David Autor, "Skills Tasks and Technologies: Implications for Employment and Earnings", *Hand Book of Labor Economics* 4, 2011. Autor David, *Work of the Past, Work of the Future*, National Bureau of Economic Research, 2019.

复制成本低，几乎是零边际成本，加速了数字化平台的扩张速度。整体而言，数字化的偏向性技术进步对劳动力市场的影响主要表现在"学历悖论"、"创意溢价"和"组织平台化"三个特征上。

（1）学历悖论

一方面，学历溢价更加明显。数字化相关的职业一般学历的门槛都偏高，因为技术类岗位对编程、大数据处理的"硬实力"有较高的要求。例如，我们团队发现，在人工智能工程师的招聘中，50%的岗位明确要求本科学历，21%的岗位明确要求硕士及以上学历，且硕士及以上学历的薪酬是大专学历的2.5倍甚至更多。

另一方面，"专业"的迭代速度加快，学历贬值也加快。很多20年前、10年前热门的专业已成了明日黄花。近3年内，985、211大学撤销了154个专业，包括曾经红极一时的经济统计学、公共事业管理、管理科学（详见本章附录）。而新增的前10大专业中，有8个都与数字化有关。20世纪90年代改革开放，英语曾是就业的热门专业之一，但是2010年后，英语已经沦为"失业量较大，就业率较低，月收入和就业满意度较低的专业"。2008年我在加拿大读博士时，就曾经碰到好几个接线员和出租车司机毕业于牛津、哈佛。1980年至2016年间的美国，本科及以上学历人群中从事低技能职业的比例提高了近20%，和工业化时代相适应的职业/学历教育体系出现严重滞后已经不是新闻。由于大学专业更新淘汰速度太快，即使拥有高学历，可能也无法进入高技能的工作岗位。

这两个看似矛盾的结论其实可以解释很多社会现象。比如，为了让孩子将来有个高学历，家长们竭尽所能地择校，学区房持续火爆，K12赛道也是越来越热。很多人担心自己的知识结构被快速发展的社会淘汰，不断地学习充电，导致这些年中国市场上各种类型的培训课程、知识服务、咨询业务风起云涌；等等。它们无不反映"数字化"技术进步带来的职业及成长焦虑和持续的社会分化。

（2）创意溢价

数字化技术对那些"可编码"的白领不友好，[1]但对于那些不可替代的涉及创造力的工作，数字化技术反而替它们加了杠杆。在2019—2020年中国的招聘广告中，数字经济相关职位要求的关键词分别是"创意，沟通能力，学习能力，团队能力"等；同样的，2019年，美国创意型职业[2]的平均年薪为8.53万美元，而其他职业的平均年薪为3.92万美元，前者是后者的2.2倍。而且自2000年以来，这个差距在缓慢拉大，在2000年时，二者之

1　计算机算法以海量大数据为养料，对人类活动进行学习、模拟和预测，并做出职能决策。如果工作岗位很容易被计算机算法编码，即工作内容程序化、有明确任务目标、有海量数据储备，那么就可能被数字化技术进步所替代。行政文员、秘书、会计、保险理赔员等传统白领职业，主要从事整理文件、分析数据这些"可编码"的工作任务，就很可能受到数字化技术进步的威胁。具体参见香帅：《钱从哪里来》，中信出版社2020年版，第二章。

2　我们将计算机和数学类职业，建筑和工程类职业，生命科学，自然科学和社会科学类职业，教育、培训和图书馆类职业，艺术、设计、娱乐、体育和媒体类职业，管理类职业，商业和财务运营类职业，法律类职业，医疗和技术类职业定义为创意型职业。

比约为2:1。

　　但是创意溢价又伴随着更严重的收入分化：越是创意型行业，二八分化越严重。重复性劳动占主导的职业中，劳动过程标准化，个人技能发挥作用的空间不大；而创意性劳动占主导的职业中，劳动结果与个人能力高低密切相关。而且，在传统行业，劳动报酬根据劳动者的表现或者成果来线性计算，例如制造业工厂按件计工资；而在数字化行业，比如互联网行业，劳动者报酬虽然仍要根据劳动者的表现和成果计算，但个人能力更高的劳动者常常具有"赢者通吃"的特征。由于数字技术创新几乎可以零成本地复制，因此，当一个程序员设计出的应用程序比别人略胜一筹时，他就可以胜出并拿走客户支付的全部报酬。例如，20世纪90年代，微软的Windows实现了飞跃式的技术进步，用户可以同时运行多个任务，图形化的操作界面也对初学者非常友善，在消费者中迅速流行。这使得更多的人被"磁吸"到Windows上。为了和其他人分享文件、协同办公，大家会越来越倾向于使用其他人使用的操作系统，所以更容易形成"赢者通吃"的局面。接下来，Windows系统就摧枯拉朽式地打败了OS/2、Workplace OS、Mac OS classic等竞争对手，在操作系统领域一统江湖。截至2020年5月，在个人电脑操作系统领域，Windows的市场份额占比为87%，那些早期的微软程序员，早就一个个实现了财务自由，深藏功与名。

当前火爆的网络直播行业，"二八定律"的残酷性更是显露无遗。在当今信息非常丰富的世界，唯一稀缺的资源就是人的注意力，"头部"永远会占据大部分注意力。以网红MCN如涵控股为例，2020财年第3季度，公司旗下3位头部红人贡献了50.8%的销售收入，12位肩部红人贡献了38.6%的销售收入，而剩余144位腰部红人仅贡献了10%的销售收入。2020年8月淘宝直播、抖音、快手带货直播行业top50主播共计创造了120亿元左右的GMV（交易总额），而位列前三名的薇娅、李佳琦、辛巴三人就拿下了其中的42%，风光无限。同时，也有无数的底层主播，梦想着成为下一个薇娅或李佳琦，为吸引粉丝而使出浑身解数，观者却寥寥，收入飘忽不定。

我们团队研究了国内各职业内部的招聘薪酬分布，也发现律师、数据分析师、牙医、证券投资专业人员、程序员、网络主播等创意型职业的内部分化最大。这些职业高度依赖劳动者的个人技能，个人技能的差异直接决定了薪酬水平的分化程度。例如，律师职业中有14.7%的岗位招聘月薪超过2万，同时也有11.5%的岗位月薪低于5000元，近60%的岗位薪酬处于7000—2万元之间。程序员中有将近8%的岗位招聘月薪超过2万，同时也有6.7%的岗位月薪低于5000元（如表3-1所示）。

表3-1　各职业内部薪酬分布[1]

职业	各薪酬水平占比							
	0—2999元	3000—4999元	5000—6999元	7000—9999元	10000—14999元	15000—19999元	20000—29999元	30000元及以上
律师	2.3%	9.2%	14.3%	26.6%	17.5%	15.4%	5.7%	9.0%
数据分析处理工程技术人员	2.4%	6.5%	14.0%	23.8%	25.9%	14.8%	9.6%	3.0%
口腔科医师	1.9%	17.7%	22.5%	25.5%	18.0%	8.4%	4.5%	1.5%
证券投资专业人员	0.6%	12.3%	23.3%	32.1%	20.8%	7.4%	2.1%	1.3%
程序员	1.3%	5.4%	16.6%	29.5%	27.6%	12.0%	6.1%	1.7%
主播	0.4%	5.3%	13.5%	43.5%	26.0%	8.1%	1.9%	1.4%
房地产经纪人	0.8%	10.1%	19.0%	41.4%	19.6%	6.8%	1.4%	0.8%
宠物医师	1.7%	3.4%	17.6%	58.0%	16.2%	1.3%	1.3%	0.5%
教师	4.5%	34.4%	26.6%	24.0%	7.9%	1.6%	0.6%	0.5%
美容师	4.3%	28.3%	31.0%	22.5%	10.4%	2.7%	0.5%	0.3%
会计专业人员	8.9%	50.7%	23.7%	11.6%	3.5%	1.0%	0.4%	0.2%
新媒体运营/编辑	1.8%	25.3%	32.9%	30.7%	7.2%	1.5%	0.4%	0.2%
快递员	0.8%	13.6%	31.1%	44.4%	9.4%	0.6%	0.1%	0.03%
餐厅服务员	24.1%	58.7%	10.2%	4.8%	1.7%	0.2%	0.1%	0.2%
车工	8.6%	39.0%	38.2%	12.3%	1.8%	0.1%	0.03%	0.02%
收银员	19.8%	62.9%	13.7%	2.5%	0.9%	0.1%	0.02%	0.03%

　　互联网大佬们早已发现程序员行业的内部分化。比尔·盖茨曾说过："一个出色的车床工人的薪水是普通车床工人的数倍,但一位出色的软件工程师的价值是普通软件工程师的10000倍。"2020年9月,Netflix的首席执行官里德·黑斯廷斯(Reed Hastings)撰文描述了他们公司的人力政策。Netflix有

---

[1] 来自2019年全国范围网上招聘数据。

两种备选策略：第一，他们可以选择雇佣更多的程序员；第二，他们可以采取精兵策略，用高薪酬招揽少数最精锐的软件工程师。经过数年的试验，他们最终选择了后者。Netflix 承诺，会为软件工程师们支付市场上同等职位的最高基本工资——基本年薪超过了 30 万美元。黑斯廷斯说："多年以来，我发现最好的程序员创造的价值并非一般程序员的 10 倍。他或她增加的效益大约是普通人的 100 倍。"

与此相反，重复性劳动职业——收银员、车工、餐厅服务员、快递员的职业内部薪酬分化较小，例如餐厅服务员、收银员等岗位 80% 以上的招聘薪酬都低于 5000 元。

（3）组织平台化

很多人都意识到了"平台"越来越成为数字时代企业的主流组织形式。其实从 80 年代开始的"扁平化管理"就是这个趋势的源头。就像这一章前面说的，数字化的本质就是抽象化、标准化，一方面，数字化企业管理，以自动化程序和软件来搜集企业内部信息，大幅降低了企业的决策成本，也取代了从事数据收集整理工作的臃肿的行政科层，企业组织更加扁平化或去中心化。另一方面，在数字化时代，全球信息交流沟通的成本无限降低，生产价值链可以被无限切分，[1]企业可以将低附加值的生产环节外包给其他专业公司，这使得企业的生产更加灵活，

1　克鲁格曼（Krugman）提出"分割价值链"（slice up the value chain）的概念，"人们开始注意到制造业沿着价值链被分割到多个阶段和不同区域，在每个阶段增加一部分价值，这种分割能够极大地提升国际贸易的潜在规模"。

对市场需求的反应更加灵敏。

从企业成长角度来看，平台简直是福音：增速高，规模效应能更快实现；效率高，容易支持复杂的结构和生态；处于数字时代的核心地位，积累着指数级增长的"大数据"宝贵矿藏；等等。但是很少有人谈及这个组织模式的演进对劳动力市场的巨大影响。

其一，同样的市值（收入）规模，平台企业的雇员要少得多。平台企业大多占据着生产价值链上的高附加值位置，而将低附加值的环节外包出去。举个例子，苹果2019年的营业收入是2000亿美元左右，利润约为550亿美元，员工数量为13.2万，大部分为研发、设计和营销人员；而为iPhone代工的鸿海精密（富士康的母公司）的营业收入是1700多亿美元，利润37亿美元，不到苹果的7%，用工则多达76万人，为苹果的近6倍，其中大部分为流水线工人。线下零售巨头沃尔玛2020财年[1]营收是苹果的2倍，雇员数量则是苹果的17倍。

其二，平台企业的工作岗位分化加剧，对从事流程性、重复性劳动的员工的需求下降了，对有较好领导力、创造力、问题解决能力的高技能员工的需求上升。传统经济模式下，企业采购原材料，需要雇佣采购团队；内部经营管理搜集各部门数据，需要雇佣行政团队；要获得消费者的反馈、判断市场需求，需要雇佣市场分析团队、营销团队。例如，传统服装企业海澜

---

[1] 沃尔玛2020财年指的是2019年2月—2020年1月底。

之家2019年年报显示，销售人员占总员工数的37.7%，行政人员占11.4%，生产人员占24%，而研发和技术人员仅占9.5%。而数字化时代的样板工厂——"犀牛智造"，内部经营管理、市场分析都可以让大数据来完成，通过大数据来提前判断需求，因而它的采购团队、行政团队、市场分析团队都大大缩水，整个团队80%的人是工程师。

中国禀赋：覆巢之下，偶有完卵？

数字化进程中的劳动力市场极化几乎是个不可逆的趋势，中国也不例外。

（1）我国劳动力市场极化的特殊性

从就业结构上看，2010年以来，低收入行业（农林牧渔业、住宿餐饮业、居民服务业等）的就业人数增长最快，为64.7%，高收入行业（信息传输、计算机服务和软件业、金融业、科学研究和技术服务业等）次之，中等收入行业（制造业、采矿业、公共管理和社会组织等）的就业人数增长最慢，仅增长21.2%，两者相差3倍以上。

从收入分配上看，分化也在加大。像工程师、科研人员、律师、会计师等专业技术人员的工资增速最快，2015—2019年增长了50%，比生产、运输设备操作人员及有关人员的工资增速高出近40%。人力资本密集型的金融业平均工资上涨104%，信息传输、计算机服务和软件业平均工资上涨94%，与之相反，采矿业和住宿餐饮业的平均工资仅仅上涨50%左右，差距都拉开一倍以上。[1]

不过，一个让人略觉幸运的地方在于中国的发展阶段和要素禀赋减缓了极化的速度。

第一个缓冲垫是中国经济目前还处于较高的增长通道中，2019年我国刚刚迈入"万元美金社会"的门槛，经济增速也保持在6%左右的水平，这意味着社会财富蛋糕还在持续做大——只要每个人手中的蛋糕分量还在增加，那么蛋糕的分配问题就会被淡化。虽然我国各行业、各职业工资增速有差异，但都维持着较高速度的正增长。2015—2019年，即使是低收入职业的实际工资增长也都保持在20%以上的水平。在都有增量的时候，大家的注意力会更多地集中在增长上，也有机会在初次分配上进行调整，避免极化的发展。

第二个缓冲垫则是中国的要素禀赋。著名经济学家阿西莫格鲁曾经指出，企业技术研发的基本原则是利润最大化。如果某种生产要素价格偏高，那么替代这种要素的技术创新就会涌现，而如果某生产要素供给丰富、市场规模大，那么可能引致与该要素互补的技术创新。

一个非常有意思的数据是，在2020年疫情冲击下，各个行业、企业都在抓紧线上化。面对业务量的猛涨，美团的对策是加大骑手的招聘力度。上半年从美团获得收入的骑手总数近300

1　统计口径是城镇私营单位平均工资，数据来自wind数据库。

万，同比增长16.4%。而太平洋彼岸的美国，在线零售巨头亚马逊第2季度净销售额近乎900亿美元，较上年同期增长40%。面对爆棚的业绩增速，亚马逊的选择则是加快送货无人机的研发和应用。8月底，亚马逊Prime Air无人机机队获得美国联邦航空管理局（FAA）颁发的标准认证。9月开始亚马逊就在北卡罗来纳州启动了无人机送货试点项目。两种迥然不同的线上化对策就是两国要素禀赋不同导致的。美国的人力成本较高，数字化进程中的技术创新更多集中在用机器和算法替代人；相反，我国劳动力供给充足，人力成本较低，使用机器替代劳动力反而不划算。因此，我国数字技术的发展，更多的是机器和劳动力的互补。例如5G技术、直播平台、人工智能算法的发展捧红了大批网络主播，而生活服务业线上化平台（美团、盒马等）的崛起，催生了大量外卖骑手的工作岗位——这些看似是"线下"的工作岗位，其实都是数字化催生的。2018年我国数字经济领域近2亿个就业岗位，占当年总就业岗位的1/4，增速远超过传统产业部门。换句话说，由于中国的劳动力数量相对丰富，劳动力成本也相对较低，所以短时间内，从事"可编码"工作的劳动者并不会完全被机器取代，这也在短时间内减轻了劳动市场极化对社会的冲击。

（2）数字化时代下劳动者的新困境

但是这并不意味着这些低收入劳动者会岁月静好。2020年9月，西贝莜面村董事长贾国龙的一则微博上了热搜："我们是

'715、白加黑、夜总会'。"（每周工作7天，每天工作15小时，白天加晚上，夜里还总开会）[1] 在各类职业中，低收入职业中的生产、运输设备操作人员以及商业、服务业工作人员的周工作时间最长，分别为49.2小时和48.5小时，比专业技术人员多6小时。而且自2001年以来，专业技术人员的工作时间基本不变，在43小时上下浮动，而生产、运输设备操作人员的工作时间却增长了12%。

除了劳动时长加长以外，低收入者的劳动保障问题也变得令人更加担忧。

平台经济中，原来"企业—员工"的"劳动雇佣"关系，变为"平台—零工"的"合作"关系。由此，平台就摆脱了为劳动者提供社保、带薪假、加班费等劳动保障的责任。滴滴司机的服务协议里明确写着："我司与网约车服务的司机仅存在挂靠合作关系，不存在任何直接或间接的劳动关系"。外卖人员在平台进行注册时，平台也会出示一份协议，上面写明"乙方明确本人非甲方合作方的员工，与甲方合作方不存在劳动、雇佣或其他劳务关系"。

传统上，"合作关系"一般是基于工业时代的核心生产要素——资本的互换。根据《商业词典》（*Business Dictionary*）的定义，"合作"是指两个或两个以上经济实体自愿建立互惠互利的经济关系，如果双方有足够的可交换资源，或者双方的互

1　程序员们的"996"还会被不时提起，写到Rap里、段子里，低收入者的715压根儿没有人关注。

动可以创造新价值，那么就会存在合作的机会。[1]例如，格力电器与经销商的合作。20多年前，董明珠一手开创"区域厂商股份合作制"，由每个省的几家大经销商共同出资。参股组建销售公司，共同占有区域市场，许多大经销商也成了手握格力股份的股东。格力生产产品，经销商们开拓销售渠道，二者交换资源、互相依存，任何一方退出合作关系，都会对另一方造成重创。

　　而平台—零工之间的"合作"是个很值得商榷的词语。现实中这种"合作"关系是极度不平等的。在数字时代，最重要的生产工具，是用来设计、安排、控制、完成整个生产经营活动的数字技术，与之相比，家政零工们的拖把抹布，外卖员、网约车司机的电动车、汽车和手机，几乎可以忽略不计。因此，在平台—零工的所谓"合作关系"中，并没有对等的资源交换和对等的互惠地位。平台占据着生产过程中的主要生产要素，零工们依赖于平台，只是算法"招之即来、挥之即去"的"虚拟流水线"上的螺丝钉。司机、骑手这些零工们的所有工作内容、工作流程都依附于平台，受平台指挥，被平台控制。作为一个滴滴司机，要接受平台的派单，按照平台导航的路线行驶，依照平台规则对待消费者。不合格的司机就会受到平台的惩罚。通过种种智能数据设定的规则，滴滴平台还可以迫使司机完成

1　"Voluntarily arrangement in which two or more entities engage in a mutually beneficial exchange instead of competing. Cooperation can happen where resources adequate for both parties exist or are created by their interaction." Available at www.businessdictionary. com.definition/cooperation.

"不可能的任务"。2020年8月，滴滴平台修改了快车司机口碑值的评判标准。按照新的算法，司机们每个月大约需要完成180到200个高峰单才能拿到满分，平均到每天要在高峰时段至少完成6单。一旦拿不到满分，口碑值就会下降，下个月平台派单会随之锐减。这个规则可以迫使司机在高峰期拼命工作。要知道，高峰期拉活儿是很辛苦的，耗时长、收益低，一旦遇到特殊情况很难完成任务。45岁的吴师傅每天的工作时间是十五六个小时，还要整月全勤才能拿满分。9月，他因为车辆的问题休息了10天，被扣了分，之后派单量大幅下滑，以前满分的时候每天能有四五百元的收入，最近就只有一两百元了。显然，这不是正常语境下平等互利互赢的"合作"关系。

尽管实际工作内容受到平台的严格管理，有着类似传统企业与雇员之间的"控制—依附"关系，但滴滴司机、外卖骑手们却身处劳动保障的真空，他们并没有与平台签订劳动合同，也就没有传统劳动雇佣关系中应有的劳动保障。如果劳动者在工作过程中发生伤亡事故、染上传染病，平台可以摆脱责任。平台通过持续的搜集数据、改进算法、设计系统，不断追求自身利润最大化，牢牢控制着劳动者的行为，却通过签订"合作协议"将负担与危险抛给了劳动者个体。就像社会学者亚历山德里亚·拉韦内尔（Alexandrea Ravenelle）所认为的，平台经济打着"灵活、共享、共赢"等口号将企业风险转嫁给劳动者，这在劳动保障方面是"包装成进步的倒退"。

太阳底下没有新鲜的事情。100年前的工业摩登时代里，劳动者被"流水线"异化的一幕，换了个场景，又隐约出现。

2020年10月底，我从北京飞上海出差，赶了个早班机。"下一个！"首都机场T3航站楼安检处，带着口罩的安检员示意我可以穿过探测门。我站到探测台上，张开手，负责任的安检员仔仔细细地搜查我身上每个可能携带危险品的地方。我低头看了看她有点渗汗的额头，光洁饱满，满是胶原蛋白，明显是个年轻的姑娘。"可以了"，女安检员示意我离开，然后摆摆手招呼，"下一位"，声调波澜不惊，就像机器一样标准。我将过了安检的行李收好准备离开，另一个年轻的安检员迅速将空的置物盒垒起来，然后等着下一位旅客。这些动作应该已经重复了千万次，犹如流水线一样娴熟。抬头望去，一字排开的几十个安检口，每个安检口大约是5—7名工作人员，估摸着平均年龄不到30岁，都穿着统一的深蓝色制服，都在一丝不苟地、严肃地重复着"下一个"。

一瞬间我眼前出现了幻景：不远的未来，偌大的机场里，办票，安检，行李检查，登机口……所有这些"可编码"的工作岗位都变成了机器，冰冷，精确，而且不知疲倦。忍不住回头再看了看那些年轻皎洁的面孔——

不知道他们是否明白，一个被叫作"数字化"的未来，已经在逐渐销蚀现实的围墙。2020年这场疫情，恰是这销蚀的历史加速器。

附录[1]

附表1　2017—2019年，985、211大学新增、撤销的前30大专业

排名	新增专业名称	专业新增院校数	撤销专业名称	专业撤销院校数
	总计	665	总计	154
1	数据科学与大数据技术	64	教育技术学	6
2	人工智能	54	经济统计学	4
3	机器人工程	26	公共事业管理	3
4	智能制造工程	20	管理科学	3
5	网络空间安全	19	广告学	3
6	大数据管理与应用	17	市场营销	3
7	智能科学与技术	16	网络工程	3
8	马克思主义理论	15	戏剧影视文学	3
9	智能医学工程	11	应用化学	3
10	新能源科学与工程	7	应用统计学	3
11	网络与新媒体	6	自然地理与资源环境	3
12	智能建造	6	保险学	2
13	材料科学与工程	5	材料化学	2
14	临床药学	5	财务管理	2
15	临床医学	5	电子商务	2
16	生态学	5	电子信息科学与技术	2
17	思想政治教育	5	动画	2
18	微电子科学与工程	5	服装与服饰设计	2
19	西班牙语	5	工业工程	2
20	新能源材料与器件	5	工业设计	2
21	儿科学	4	临床医学	2

1　数据来自麦可思研究院。

续表

	新增专业名称	专业新增院校数	撤销专业名称	专业撤销院校数
22	法语	4	旅游管理	2
23	风景园林	4	数学与应用数学	2
24	供应链管理	4	统计学	2
25	光电信息科学与工程	4	信息安全	2
26	汉语国际教育	4	信息管理与信息系统	2
27	环境生态工程	4	应用物理学	2
28	生物信息学	4	编辑出版学	1
29	药学	4	波斯语	1
30	土地整治工程	4	财务会计教育	1

附表2　2015—2020年本科红牌专业[1]

2020年	2019年	2018年	2017年	2016年	2015年
绘画	绘画	绘画	历史学	历史学	生物工程
音乐表演	历史学	化学	音乐表演	音乐表演	美术学
法学	应用心理学	美术学	生物技术	生物技术	生物科学
应用心理学	音乐表演	音乐表演	法学	法学	应用物理学
化学	化学	法学	美术学	美术学	应用心理学
	法学	历史学	生物工程	生物工程	法学
					音乐表演

---

[1]　红牌专业指的是失业量较大，就业率、薪资和就业满意度等综合评价较低的专业。

第四章

推开世界的门

CHAPTER **4**

推开世界的门，你是站在门外怕迟到的人

捧着一颗不懂计较的认真，吻过你的眼睛就无畏的青春

——杨乃文《推开世界的门》

从蛹化到蜕变

最近我两岁多的儿子糖君对"扫码"这个游戏非常着迷，不管在家里还是出门，只要看到类似二维码的图案，就来找我要求"扫码"，扫完还要跟我确定一下，"微信了吗，支付宝了吗？"得到确定的答案后他偶尔会来一句"欢迎来到我的课程"。我很好奇他的脑袋瓜是怎么把这些信息串联在一起的，花了点时间跟他进行了一场天马行空的对话，终于弄明白了来龙去脉——在日常买东西或跟着我参加活动、直播的各种场景中，"扫码"让他产生了一个"交易"或者"准入"的认知，微信/支付宝是这些行为"胜利完成"（宝宝语）的信号。至于"欢迎来到我的课程"，是因为我告诉过他这句欢迎辞来自妈妈的"线上付费课程"。他自动将这个场景和"扫码"场景联系起来，进行了信息图谱的重组。

这件事让我有点触动。想起了糖君出生时，他70多岁的外公外婆喜不自胜，千里迢迢从长沙飞过来，给外孙带的见面礼竟是一书包的现金。外公外婆一个曾是湖南省外贸的领导，一个是老大学生，手里用着苹果手机，外公还车技娴熟，都不算落伍。但他们仍然不习惯用美团、滴滴、淘宝，微信很多功能也解锁不了。和我们对"线上"的强烈依赖不一样，外公外婆仍习惯于线下的物理世界。他们也会用微信发红包，但是觉得那是"游戏"，要表达对这个姗姗迟来的外孙沉甸甸的爱，必须用实实在在的，看得见、摸得着的现金。

再想想，这也没什么好奇怪的，我自己2005年在加拿大念博士时，还是用长途电话卡跟家人通话——先拨号，再输入一串长长的密码，然后等着代表接通的"嘟"的声音。便宜的电话卡常常质量不怎么好，动辄断线，十分考验耐心。那时候觉得维系long-distance relationship（远程恋爱关系）是世界上最难的事情，曾暗自思忖，要是可以随时随地"视频通话"，恐怕世上也会少几对远程的怨偶。

糖君这一代是真正意义上的"数字一代"。数字化和智能化，对于他们来说，是生长的土壤和背景，就像呼吸、语言之于我们一样自然。如果外公外婆已经注定是数字化时代的旁观者的话，我们这一代，大概就是两栖动物，正在挣扎着向陆地进化。

认真回想了一下过去20年的生活，我发现这个变化一直在持续，但是按照变化速度和力度可以分成"前微信"时代和"后微信"时代。前微信时代，线上化/数字化是新技术、新概念，是当下秩序的挑战者，技术应用就像旧世界的补丁或者增量。比如说：雅虎和新浪这种门户网站如日中天，但是《纽约时报》和《南方周末》也拥趸无数；微软 Windows 系统已经开始成为办公室的主角，但是人们的办公桌上仍然留有大量纸质文件和信封；2010年，铁路线上购票系统——12306网站开通，但各个售票点仍是彻夜的排队长龙。

以微信的渗透为分水岭，后微信时代，智能手机、社交媒体、移动支付几种技术应用叠加，旧世界一点点地被迭代了：自2014年以来，打车、订外卖、转账付款，这些生活日常都可以在手机 App 上一键完成；电视成了老年人用品，年轻人都在爱奇艺、腾讯视频、B站上刷剧、追综艺；2017年之后，抖音、快手又占据了年轻人的娱乐时间；疫情期间，百年老店美国奢侈品零售商尼曼（Neiman Marcus）申请破产，连锁百货巨头梅西百货（Macy's）临时解雇大约13万名员工，而亚马逊2020年第2季度营业收入却同比增长40%，10月20日晚，观看李佳琦和薇娅"双11"预售直播的人次更是分别达到了1.6亿和1.4亿，仅销售定金就合计超过10亿元。

其实在这两个时代之前，还有更为久远漫长的准备阶段，比如计算机的出现，个人电脑的普及，软件业的潮涌，企业的信息化改造，都像是最近这20年数字化社会的序曲。实际上，人类社会对突破性科技接纳吸收的过程总是要经历酝酿、蛹化和蜕变几个阶段：

第一个是"酝酿"阶段：即人类社会开始缓慢了解新科技，这个阶段科技带来的改变微乎其微。

第二个是"蛹化"阶段：不断有新的应用落地，科技带来的变化已经肉眼可见，新理念也开始形成。就像昆虫蛹化但仍然保持虫的形态一样，这个阶段的改变仍然围绕着旧的底层思考逻辑展开，新模式和旧流程并存，新理念在旧框架下涓滴，人们意识到了改变，但是不知从何着手——这是一个秩序被冲击的时期，随着新体系的长大，不确定性变得越来越高。

第三个是"蜕变"阶段：新科技逐步完成颠覆性的改造任务，新理念逐步成为社会共识，"新"科技也逐渐从应用演变为基础设施，再逐步渗透融合，成为一切人类活动的背景。到这个阶段的后期，不确定性下降，世界重归简单。[1]

微信出现后的第 7 年 (2018 年)，全球前十大企业，其中七家——苹果、亚马逊、谷歌、微软、脸书、阿里、腾讯——都是数字技术公司。

这是一个非常具有象征意义的时间节点，至此代表边缘技术革命力量的"数字企业"成为上市公司的主流，这些企业覆盖了零售、社交、搜索引擎、计算机软件等不同行业，这也意

1　Tom Goodwin, *Digital Darwinism: Survival of the Fittest in the Age of Business*, Kogan Page, 2018.

味着数字技术开始成为"背景"。换言之，后数字时代的"蜕变"已经出现了雏形。一方面是肉眼可见的变化，智能手机、智能手表都已经成为生活必需品，订票、打车、点餐、办理银行业务……都已经线上化，现金在中国大城市几乎消失；但另一方面，绝大部分工业生产还是传统工业时代的景象：工厂收到经销商的需求订单后，采购原材料，流水线批量化生产，再经由经销商卖给消费者。

也就是说，截至目前，数字技术改变的是社会的产业布局和生活方式，对生产本身的影响并不足够大。[1]这正是未来10年、20年我们将要面临的变局：从生产端开始的数字化革命会以更彻底的态势改变供给和需求的模式。

2020年开始，我们就来到了数字化进程从蛹化到蜕变的前夜。就像进到了一扇转动的旋转门里，我们无法逆行回到门外，门里的世界也还是模糊的远景。我们知道它存在，但尚未到达。这是一扇缓慢转动的门，假设没有外力，我们也许还要在这扇门之间卡上好一阵子。

但疫情加速了这扇门的转动速度。在门停下之前，我们这代两栖动物必须出发。

但是，要从哪里出发呢？

人类是直觉式的动物，习惯于路径依赖，"从（现在）这里出发"是我们在决策时最自然的姿势。一般来说，调转方向时，

1　这句话引自中央党校郭强教授。

人们也习惯使用"肌肉记忆",从自己的历史和现在的位置出发进行思考。所以,"转型"中最自然的反应是"打补丁"。早在淘宝出现的 100 多年前,美国就出现了远程购物的商业模式——目录邮购。邮购公司向潜在客户寄送邮购商品目录,消费者通过写信、打电话等方式订购商品后,邮购公司再邮寄商品。邮购商品目录往往是一大本册子,大规模印刷和寄送成本都很高。1994 年,在马云创立阿里巴巴的 5 年前,英国一家目录邮购公司 Freemans 就开始进行数字化转型了,但是他们没有建立一个购物网站,也没有做客户服务或者通过电子邮件接收订单,而是将整个商品目录扫描成了图片,然后放到光盘上进行销售,这样虽然降低了制作和邮寄商品目录的成本,但仍然不是从根子上的数字化。一旦有企业出现全流程的数字化,这种企业就会遭到降维式打击。亚马逊和阿里巴巴的出现就让这种一只脚仍在旧时代的模式彻底被淘汰了。这就是典型的"从这里出发"的转型。

美国一位传媒公司高管兼专栏作家古德温(Goodwin)写了一本叫作《商业达尔文主义》(*Digital Darwinism*)的畅销书,里面的很多观点我都觉得过于花哨,但还是有启发。尤其是开篇的故事,我觉得是思考"数字化转型"的最佳指南。故事是这样的:一个人在爱尔兰的乡间小路上迷路了,他摇下车窗,问路边的牧羊人都柏林(爱尔兰的首都)怎么走。这个当地人深吸一口气,努力思考了一阵子,跟他说:

"不好意思，先生，如果我是你，我不会从这里出发。"

以数字化为背景，回到根本需求

河狸家是2014年6月创业的一个O2O平台——当时正是线下服务线上化（Online to Offline，O2O）概念火爆的时候，两个创始人是典型的强强联合：雕爷是著名的网红连续创业者，创立了阿芙精油、雕爷牛腩等品牌，仲萍则是原淘宝美妆版块的老大，曾带领天猫美妆日化团队实现交易额从0到100亿，入驻知名品牌从0到3000家的突破。当时正是O2O平台的风口，除了美团，汽车、家教、美妆、家政、婚嫁等几乎所有行业都出现了O2O平台。雕爷和仲萍选择了"美甲"这个时尚炫酷的赛道。河狸家成立后的两年内，就拿到了IDG等投资机构的三轮融资，估值达到近10亿元。6年过去了，当年O2O平台十之有九都死掉了，河狸家活了下来。但是与他们近乎同时起步的滴滴、字节跳动、拼多多，都已经成了市值或者估值千亿美元的庞然大物，而河狸家的估值还在50亿人民币左右，算是优良但不顶尖的成绩。

从河狸家的生存和发展中，我们可以得到一些关于现在"出发"的原则：

第一，"以数字化为背景"。这句话的意思是不能将数字化作为增量或者叠加，而是要基于此设计、生产和推销产品，基于此管理员工、获得消费者反馈等等。这意味着数字化必须贯穿产品（服务）的所有环节，从在线到智能化，形成和真实世界——映射的数字世界。比如说，和美容院、理疗院等线下美业相比，河狸家的"数字背景化"是比较成功的。从客户端、手艺人管理到营销系统，河狸家整体业务流程都是基于线上的。客户在手机 App 下单，系统匹配手艺人，服务完成后，客户在 App 上支付并作出评价——换言之，整个服务流程是线上线下同时交互进行的，线上数据能对交易全貌进行概略的、完整的和连续的描述。

一个有趣的地方是，在这一点上，新进入者其实往往有"后发"甚至是降维打击的优势。比如喜马拉雅之于电台，得到之于出版，Netflix 之于影视公司，亚马逊之于百货商场，都是非传统从业者以数字化为背景入侵传统行业，都是几何级数地提高了效率，具有明显的"后发者优势"。

第二，从需求出发。产品和服务越贴近根本需求，其商业场景拓展空间越大，生命力越强。从需求角度看，河狸家的初始起点并不占优势，"美甲"这个产品（服务）是细分市场的精细化需求，和"好看"这个根本需求距离有点远，不够直接。这可以支撑一个不错的企业，但要支撑一个有规模的平台比较困难——实际上，"需求过细过窄，离根本需求太远"也是绝大部分垂直类 O2O 都很快死亡的原因，例如以上门推拿为主要服务的 O2O 平台"功夫熊"、上门家教平台"老师来了"等等。所以雕爷和仲萍在 2014 年年底果断改变定义，将"美甲"这个小场景拓展到了美妆、美发、美容、健身……讲一个"美业O2O"的故事。这是将需求往"根本需求"的方向推进一步，提高了自己的存活概率。2016年9月，河狸家进军医疗美容业。和其他服务相比，医美最直接贴近"好看"这个根本需求，果然，仅试运营三个月后，微整形类目交易额便突破1000万，现在，医美已经成为河狸家的第一大品类。

第三，出发的时机也很重要。一般技术的商业场景应用总是要遵循从基础到高阶、从简单到复杂、从标准化到非标化的过程。2014年是移动互联网技术应用刚落地开始普及的时候，当时我国智能手机渗透率58%左右，手机网民达到了5.27亿，有了移动互联网和智能手机的GPS定位功能，很多简单的基础信息很快得以数字化，比如一个乘客的需求信息（起点、终点）和司机的供给信息（当前位置、与乘客距离）——这些信息的数字化为打车平台崛起提供了基础设施。2014年起步的滴滴，之所以在不到半年时间里，用户量几乎增长了5倍，原因就在此。

但是当时的数字化技术和人力资源，以及对于彻底的"线上生活，数字世界"的理解，甚至社会接受程度都还处于一个比较初级的水平。很多复杂的、高级的、非标的需求的数字化，还需要时间，需要慢慢培育消费市场。而河狸家定义的需求，从某种意义上略微有点超前，所以它早期会走得比较辛苦，要撑过一个较长的时间阶段。

即使在快速变化的数字化时代，时机匹配对数字化转型能否成功也是极其重要的。要看你的行业和你的客户是否已经准备好了。太晚会在竞争中落于下风，太早往往也得不偿失或者不容易活下来。任正非曾有一句名言："快三步是先烈，快半步是英雄。"如果被那些炫目的技术名词吸引，过早地追求脱离实际的数字化进程，结果常是付出了高昂成本却收获寥寥。例如，GE（通用电气）在2011年就率先提出了野心勃勃的工业互联网战略，投入数十亿美元，雇用了数千名软件工程师，在2014年推出了Predix（一个工业云平台），力图打造一个满足工业级存储、计算、传输、开发、安全等高要求的工业互联网平台。然而，Predix是从GE内部运营软件发展过来的平台，专业化程度太高，外部开发者和企业都觉得难以上手。最终，平台上的软件基本都来自GE内部，也没有得到行业和客户的认可，数十亿美元投资几乎血本无归。2019年，为了挽救不被业界看好的业务布局和每况愈下的财务状况，GE开始了资产重组计划，将数字化版块剥离出主营业务，成立了独立的工业互联网软件公司。而目前，工业互联网的时机已浮出地平线，全球工业互联网产业正在快速增长，MarketsandMarkets公司（美国的一家咨询公司）估计，2018年全球工业互联网平台市场规模仅有33亿美元左右，但2018—2023年，全球工业互联网平台市场规模年均复合增长率将达33.4%，到2025年市场规模将达到接近200亿美元左右。GE数字集团也在重整旗鼓，更多地关注用户需求，提供"应用和解决方案"。

路径选择与工具化：提供数字化的基础设施

到这里河狸家的故事还没有结束。

第三章我们说过，数字平台的价值来源于标准化，因此，越是标准化的商品或服务，越容易进行数字化转型。像亚马逊、京东、当当这样的电商平台，多是从书籍、电子产品这些标准化程度很高的商品起步。相比商品，服务是高度非标化的，所以服务业在数字化过程中，需求的标准化就显得更重要。而且不同类别的服务，比如手艺人、医生、教师等，标准化难度也不一样。以滴滴打车和河狸家为例，出行的标准化就比"美"容易得多：滴滴载乘客出行的过程就比河狸家美容操作服务的过程更容易标准化，滴滴使用的汽车也比河狸家使用的花样繁多的美妆产品更容易标准化，司机也比手艺人更容易标准化……像打车、点外卖、寄快递等过程简单、不确定性低、信息不对称程度低的服务目前基本已经实现了数字平台化。而河狸家以"手艺人"为供给方的服务模式的标准化难度很高，所以，这意味着河狸家的商业逻辑链条比较长，其标准化的过程是条艰苦之路。

除此之外，"美"也是个非标准化的需求，还存在区域、年龄、性别、职业等各种差异，比如白、瘦、大眼、轻等是中国关于美的几条抽象标准，在庞大的化妆品护肤品市场，面霜、面膜、眼影、口红、睫毛膏、减肥产品……都是围绕它们做的标准化产品。但是服务不同于工业产品，标准化很难完成，而要规模化就必须标准化。怎么办呢？

正因为"手艺"很难标准化，目前美业服务业的标准化不在产品端，而在商铺端。比如说，与线上平台合作的品牌美容院连锁店思妍丽、胸部养护连锁店紫琪尔、医美连锁店镜面集团等等。2019年开始，河狸家做了另外一次转型——工具化。他们开始谋求和线下美业连锁的合作，这可以看作是替线下美业加速线上化，推动整个行业数字化的一步。这个转型完成后，河狸家的身份会更加接近平台本质，更加工具化。这个过程说起来就一句话，轻飘飘的，但在实际操作中要面临无数困难。其中最主要的问题就是，"线下美业为什么要跟我合作"？

这个问题其实也是很多宣称要"通过线上化、数字化整合行业"的 SAAS 平台（software-as-a-service，为商铺、企业搭建数字化的软件运作平台）最大的困境。愿景不能代替利益来完成交易。为了实现这个目标，河狸家又走了一步，转身回到阿里的怀抱，成为阿里大生态中的美业场景，取得阿里系的流量背书，然后以流量为信用，吸引线下连锁店铺在河狸家线上化。本来这一步也是比较艰难的，但2020年疫情让这个进程加快了。线下生意的冷清让门店有了入驻河狸家的诉求。整体来说，通过工具化这一步，河狸家应该算是走活了棋局，通过自建小平台，进入大生态，上了云上平台。这一步我觉得非常有意思，倒不是河狸家这个案例本身——能进入阿里生态获得流量支持完成工具化转型，这和美业这个比较独特的场景有关，也和创始人的淘系血液（淘宝人，淘品牌）相关。其路径是没法完全复制的，但是"工具化"这个思路很有启发。什么是"工具化"呢？简而言之，就是提供一个供需链条上某个环节的数字化工具，帮助供需双方提高匹配效率、扩大市场规模。

任何一个行业，需求和供给之间通常有一个很长的链条。数字技术通过生产要素精细化、生产过程标准化，可以将供给和需求之间的链条切分至很细的颗粒度。在供需链条的任一环节都有数字化的潜在机会，都可以设计数字化的工具。举个简单的例子，在打车这个场景里，数字平台就以极细的颗粒度管理生产要素：汽车不仅是一个代步工具，数字技术可以记录其位置、运行轨迹、车速等；同时，生产过程也被拆分并标准化为5个环节——乘客下订单、司机接单、接送乘客、付费、服务评价。其中，只有"接送乘客"这一个环节不能在线上完成，其他环节都可以线上化。那么打车平台就可以从做一个匹配司机—乘客的数字化工具做起，以此为基础向外拓展其商业形态。

几乎所有行业都有类似的数字化机会。保洁阿姨打扫卫生、保姆照顾孩子、化妆师为顾客化妆，这些服务环节都无法在线上完成，但是供需匹配、服务评价、劳动者管理这些环节却都能够实现数字化。在地理位置定位、派单算法等数字技术的基础上，平台可以匹配海量的供需信息，迅速扩大市场规模，提升服务效率。正如峰瑞资本创始人李丰所说："在既有的数据化供需链条上，如果有新的环节实现了数据化突破，就极有可能形成新平台。"

"工具化"常被视为数字时代对劳动力市场的负面影响之一。从数字化到智能化的过程中，由于算法主导着供需匹配和劳动者管理系统，那么在服务业中，那些重复性、流程性的工作岗位就会听命于系统算法，技能更趋于单一和低端，从而沦为算法的工具，就像上一章讲到的困在系统里的骑手、网约车司机等。

但另一方面，每一块乌云都镶着金边。像医生、教师、广告设计师这样的创意型工作，其核心技能包括创造力、分析和解决问题的能力、社交能力等，都难以"编码"，不会被数字技术取代。这个时候，数字技术反而会变成劳动者的"工具"，替他们加杠杆。

比如说，传统的广告创意行业中，"创意"主要靠市场调研数据和设计师头脑风暴。近十年来，很多互联网大厂的"市场洞察"部门就是做大数据挖掘，洞察到的数据会成为广告设计创意的基础。前一阵我去数字营销平台"时趣"调研，就觉得耳目一新。最初创始人张锐做的是社交媒体内容营销，做的过程中开始累积数据——比如说，做一个化妆品广告创意时，时趣会关注社交媒体上各类产品的讨论热度、用户感受、消费者讨论的关键词（美白、保湿、抗衰老等），以此作为广告创意的依据。数据赋能之下，"创意产品"的命中率和转化率明显提高。张锐开始意识到"数字化信息"其实是工具，然后开始转型做平台。首先，他们在数据累积上下功夫，比如对上万个活跃品牌在社交媒体和电商平台上的公开数据进行挖掘整理，然后将这些信息提供给广告创意者，提高他们的生存率、命中率。这就是工具化的思路。

还有医疗行业，这是典型的非标准化、服务流程复杂、信息不对称程度高的行业。一个患者的就医流程大概包括：排队挂号，医生面诊、开药、设计手术方案，进行手术，术后康复，长期健康管理——看过病的人都知道这一流程之冗长低效，每次去三甲医院排队挂号都要排队两三小时，甚至彻夜等待。据调查，中国患者平均每次就诊时间长达177.2分钟，其中排队时间占据了75%以上，而病人与医生沟通的平均时长不足10分钟，而一个医生一天要看几十上百个病人，身心俱疲。[1]

但这个流程是可以通过数字化实现优化的。比如说"病人复诊"向来是个难题。所有流程要走一遍，耗时费力。要是外地病人更是麻烦，所以很多人甚至会放弃复诊，有时候又酿成大问题。2020年5月，北京协和医院推出的复诊患者的线上诊疗服务正式上线——提供包括在院病历调阅、在线问诊、专科医生开具处方、临床药师实时在线审方的一条龙服务，病人可以实现"云复诊"，医患双方压力都减轻了，效率也都得以提高。之后这个线上化工作完全可以深化下去，比如"点对点"

---

[1] 数据来自《上海公立三甲医院门诊患者就诊实践调查报告》。

药物配送，比如线上的全程术后管理——这些方式都能提高医疗服务质量，也在不过度使用医生资源的情况下，替医院增收。

最近"工具化"已经越来越成为数字化创业的方向。除了医疗、广告营销之外，各个领域都涌现了一批专注做数字化工具的平台。2020年10月，小鹅通宣布获得腾讯数亿元C轮融资。在2016年知识付费兴起之初，小鹅通就服务了不少自媒体大号，帮助他们建立起自己的"知识付费系统"。基于此，2016年12月，小鹅通推出了第一版服务于知识产品与社群运营的工具。大量的内容创业者借助小鹅通踏入知识付费的赛道，截至2020年10月16日，小鹅通已服务超过130万的商家，行业覆盖自媒体、财经金融、广告传媒、文化出版、咨询服务、医疗健康、互联网科技等细分行业，这些商家共生产了超过1500万个知识产品，线上交易流水突破110亿元，覆盖C端用户数量6.8亿。还有专业于电商的有赞，专业于餐饮店的美团开店宝，都是这个方向上的领头羊企业。

《微粒时代》是我很喜欢的一本书。书中阐述了数字化未来的一个画面："数字技术"成为社会背景，各种技术应用渗透到社会生活的方方面面，变成了基础设施，为个体赋能。在这个意义下，提供"工具"的数字基础设施其实比很多所谓的"平台"更有价值——平台可能空空如也，但是数字世界里的路、桥、交通工具，在那些有流量的地方，都会成为最有价值的资产。

回到最重要的事：提供好的产品

当说到工具化的时候，一个常见的认知误区是"必须工具化"。实际上工具化之路属于通用型的，最后会不断规模化、基础设施化，胜者为王通吃，败者喝汤的机会都没有。所以另一种选择是自己做产品，让数字化成为背景和工具。

科学哲学告诉我们，世界是"演化"出来的，一开始就路径清晰的企业并不多。

2016年时，喜马拉雅和得到看上去像同一个新物种，知识付费，音频产品，平台企业。2017年我和两家都有接触，当时就隐约感觉它们不太一样，但是也说不出所以然。一种可能是企业当时也是摸着石头过河，也不知道自己未来的形状到底是什么。但每个企业都在不断定义自己产品的需求。到2020年，大家的轮廓开始清晰了。

得到在溯源根本需求时，发现"教育"更刚性，也更具备标准化潜质，于是开始尽量贴近这个根本需求。但是教育又是一个独特性需求很强的行业，拿罗胖的话说，叫作"教育的本质是人点亮人，音频课程的本质是激发禀赋"，这些在线上远远不足以完成。这时候，"回到线下"成为得到的选择，之后一切产品思路都围绕此来开发。罗胖的选择是做教育产品。数字化平台则是帮助产品触达用户、提高销售运营效率、沉淀数据，以便进行迭代的工具。

到2020年，得到彻底转为一家教育产品公司，不再是线上音频的知识付费平台。线上平台是这家教育产品公司的线上基础设施——这个平台很重要，相当于物理世界里的路桥网络这些基础设施。落后的基础设施会极大地损害产品的功能，销售的效率和渠道。但同时，得到也开始在全国各地建设得到大学校区，设立"知识地标中心"——北京华贸，上海虹桥星空间，杭州黄龙万科中心，这些则是线下的基础设施。同样地，更好的线下基础设施能有助于其"线下教育产品"的开发和推广，比如得到大学、启发俱乐部。

但这些基础设施不是这个企业的核心竞争力。教育产品本身的质量、知识性、趣味性、实用性……才是核心竞争力，完成"人点亮人"这个目标，才是这个企业"最重要的事"。

这是极端重要的一点，也许是最重要的一点。

现实世界里有很多为了"数字化"而忽略核心业务，导致"数字化转型失败"的例子。2014年，福特新任CEO马克·菲尔兹（Mark Fields）大跨步地推动数字化转型，在自动驾驶、车联网、电气化等领域进行了多项大手笔投资：2017年2月，福特投资10亿美元收购自动驾驶初创公司Argo AI；2017年3月，福特投资3.75亿美元建立车联网系统软件研发中心……单看这些新业务，都前途光明，代表着未来汽车行业的发展趋势。但就企业发展角度而言，这些看上去很时髦的数字化转型战略带来了很多负向的后果。新业务一时没有起色，又忽略了对传统业务的支持和投入，传统业务陷入衰退，福特在全球的汽车销量不增反降，甚至大幅萎缩。2017年5月，菲尔兹被董事会解雇，黯然下课。

2019年跟一个做投资的朋友聊天。当时他就认为，中国那种商业模式为王，讲故事的年代基本结束，从基本需求出发做好产品的时代来临。还是那句话，"平台"就是规模经济，一定会不断大吞小，直到一家或者几家大的共存。经过十来年数字化洗牌后，大"平台"的空间也越来越小，而好"产品"的延展性要大得多，产品有更大机会去定义出自己的需求。当时一句半开玩笑半认真的话让我印象很深刻：

"我们社会不需要那么多解决最后三公里，解决最后一公里，再解决最后500米的'创新'，也不需要那么多买个芒果还交个朋友的'创新'，我们需要满足人们基本需求的好产品——吃得好，住得好，穿得好，用得好，玩得好。"

从历史上看，技术变革大都会经历概念泡沫期，人类社会会通过概念和叙事的泡沫完成认知转变。就像著名咨询公司Gartner提到的技术成熟度曲线（Hype Cycle）所描述的：

在新兴技术刚刚崭露头角之后，人们对于新兴技术通常会有不合实际的预期，伴之以媒体炒作而到达泡沫的顶峰（Peak of Inflated Expectations）。但是此时新兴技术还未广泛应用，尚未对社会生产造成深刻影响，随着时间的推移，预期逐渐冷却至低点（Trough of Disillusionment）。但技术成熟后，开始对生产效率产生实际贡献，期望又重新上升（Slope of Enlightenment）。最终该技术经过数代的演进，慢慢成了主流常识，进入稳定应用阶段（Plateau of Productivity）。

100年前，无线电是那个时代最热门的新兴通信技术，就像几十年后的互联网一样，它也是20世纪20年代热门的投机概念，1926年1月至1929年8月，美国无线电公司的股价增长了14.4倍，而1929年"黑色星期四"之后的一年内，股价大跌90%，不过，在接下来的几十年内，无线电技术深入千家万户，广播电台、卫星数字电视、手机通信、门禁系统乃至GPS导航都建立在无线电技术的基础上；1990年，互联网还是一个新兴事物，全美国只有200万互联网用户，不足总人口的1%，1993年，美国白宫、联合国相继宣布开始提供"在线服务"，"互联网"这个词成了新闻媒体的热点。华尔街也开始为"互联网"疯狂，以1995年8月9日网景（Netscape）上市为起点，在接下来5年内，纳斯达克指数上涨超过400%。1996年，雅虎公司在纳斯达克上市，一年多之后，其股票价格翻了64倍，而1998年上市的、半年就亏损580万美元的社交网站The Globe首日涨幅就高达605.6%。许多公司千方百计地蹭互联网热度，在自己的公司名后加上".com"。2000—2001年，互联网泡沫破碎，至2002年10月，纳斯达克指数从2000年的最高点下跌了80%。泡沫破灭之后，才是互联网技术成熟、走向商用的开端。全球互联网用户在2001年时才5亿人，人口占比8.1%，而截至2020年6月，全球互联网用户数量达到46.48亿人，占世界人口的比重达到59.6%，之后谷歌、亚马逊等互联网巨头成为最重要的增长驱动力。过去十年内人工智能、云计算、区块链等概念都曾经广受投资者追捧，或多或少造成资产价格泡沫，但是，这些数字技术都在潜移默化中渐渐改变着我们的生活。之前数字技术就像一管蓝色颜料掉入水中，小块水域颜色变化引起惊叹，逐渐地，颜料溶解在水中，水变成蓝色，商业模式都逐渐围绕着数字化逻辑而展开，数字技术成为秩序本身，又变成"常识"——

新鲜词语变得不再新鲜，数字化"概念"带来的资金和认知泡沫都逐渐褪去，一切都是原来的模样，商业逻辑回到最基本、最重要的事：是否能提供更好的产品和服务？

作为一个长沙人，我早听闻"茶颜悦色"是长沙名片，200多家门店，每一家的标配都是"贪食蛇"长龙队形，有人甚至会为了喝杯茶颜悦色，大老远打飞的、坐高铁从广州跑到长沙——耳闻不如目见。2020年7月回家亲眼看到几乎所有门店的排队盛况，确实蔚为壮观。从营销上说，茶颜悦色是数字化时代的原住民，擅长利用社交媒体营销，他们自始至终在公众号、微博上与顾客保持互动，所有人的社交媒体账号上都有自己的人设，比如老板自称"卖茶的怪叔叔"，设计们叫"鸡仔一、二、三号"，公众号运营小伙伴则称自己为"摸鱼侠"——但是在这一切"数字营销"之上，茶颜悦色活下来并高速扩张的道理还是：茶是否好喝？是否健康？用户体验是否够好？饭桌上聊到茶颜悦色，一个50岁的大哥和他22岁的闺女同时喜笑颜开，表示"好喝呀"。以前的奶茶店大多用奶精，而茶颜悦色打出了"鲜奶+鲜茶"的招牌，奶盖用的是安佳动物奶油，打底的牛奶选用雀巢鲜奶。茶颜悦色还大胆推出了"一杯鲜茶永久求偿权"，只要顾客觉得口味有异，就可以走进任意一家门店要求免费重做。这些"产品"和"服务"的细节，而不是数字化营销，才是决定茶颜悦能否持续下去的关键。

同样地，疫情之后，互联网医疗成了最热门的风口：春雨医生拿到了数千万E轮融资；9月，京东发布公告，证实京东健康将向港交所提交IPO申请；字节跳动也在8月份以数亿元对价完成对百科名医的全资收购，高调入局。但最终，医生的业务能力，对病人的同理心，服务态度，即医疗服务质量，仍然是"数字化中最重要的事"。比如阿里健康上的郭晴，是山东小县城安丘市中医院的一名儿科医生，毕业于名不见经传的潍坊医学院。绝大多数向郭晴问诊的都是焦虑和紧张的妈妈们，孩子感冒发烧、食欲不振、喂养不当、用药禁忌等等问题都会向她求助，甚至凌晨1点多，还有人发来信息向郭晴惊醒问诊。而郭晴都会耐心、细致地一一解答，也时常主动关心患儿的后续病情。时间一长，认郭晴当家庭医生的"回头客"也越来越多——目前她凭借优质服务吸引了全国各地的8000多名"妈妈粉"，成为阿里健康平台上服务最多患者的医生之一。

你必须独特稀有，才能对抗规模化

但是，满足需求可能还不够。

2017年至今，李子柒是现象级的红人。2020年4月29日，李子柒YouTube粉丝破千万，与CNN相当，远超过BBC、Fox News等媒体。在微博、B站、西瓜等平台，她的视频的播放量也都惊人，全网粉丝破亿。她在视频里演示了很多传统手艺：春天采桃花酿酒；夏天用葡萄皮染衣服；摘枇杷制作枇杷酥；用树皮造纸；用黄豆做酱油……

经过几年的孵化，2018年是"李子柒"这个IP全面商业化的开始：2018年七夕节，李子柒官方旗舰店在天猫购物平台正式上线，推出5款"李子柒牌"美食商品，并进一步强化了文化标签：与"故宫食品"达成商业合作，接了故宫清宫苏造局所制的苏造酱代理。此后，网店销售产品扩充至21款，而且每一款产品都有地域饮食文化标签——柳州特产螺蛳粉、四川特产火锅底料、长白山人参蜂蜜等。开业仅一年，店内21款产品总销量破130万单。

毋庸置疑，李子柒是社交媒体、视频平台、电商平台、数字化营销支撑的产物。但是我们不妨追问一句，"为什么是李子柒？"或者更进一步追问，李子柒背后的推手公司胜出在什么地方？

美、自然、天然、很中国，这是李子柒视频营造出的氛围。

但是她的"中国"不是张艺谋式的乡土中国，而是谢灵运、陶渊明笔下的田园中国，是"山水含清晖，清晖能娱人""采菊东篱下，悠然见南山"的意境。这种道法自然，鸡犬相闻的慢生存状态，就像越来越异化的现实世界的一个梦境——但这个梦境不是虚的，而是落在最具人间烟火的"食物"上——这是全人类最共通的需求，不需要文字，不需要翻译，就可以唤起"共识"。

李子柒的走红也许不无偶然性，但其背后真正的推手是"创意"的胜利。她的视频将传统文化、民间食品、田园生活等多种元素进行了组合，营造出摩登时代的"心灵家园"。

从普通人的角度来看，要对抗被分化的命运，"创造力、分析和解决问题能力、社交能力"已经成为不选之选。

随着人工智能和自动化的兴起，信息数据的检索和处理、行政管理以及传统的体力劳动将更多地由算法和自动化机器完成，而创造力、分析和解决问题能力、社交能力等技能的价值则越来越高。世界经济论坛发布的《2020年未来就业报告》估计，到2025年，自动化和人类之间全新的劳动分工将颠覆全球8500万个工作岗位。随着数字化水平的提高，对于数据录入、会计记账和行政支持等角色的需求正在减少。但同时，数字化革命也将创造9700万个新岗位，而创造力、分析思维和灵活性将成为最为需要的顶级技能。

湖畔大学教育长、阿里巴巴集团前参谋长曾鸣教授曾说过：

"创造力是未来价值创造的源泉……谁能够创造性地想出一个新的场景如何被在线化、数据化，谁就能赢得未来。"这是他观察研究"智能商业"的演进后得出的最具有前瞻性的洞见。同样的，谷歌首席经济学家范里安也在2018年说："你必须独特稀有，才能对抗规模化。"

不管我们工业时代的正规教育体系是否做好了这个准备，现实世界的变化已经在路上。

独特、稀有、创造力并不意味着劳动者需要向"全能"进化，相反，数字技术进步将各个行业业务流程标准化，将供需链条切分为更细的环节，从而推动分工细化，衍生出新职业岗位。这种细分会反映在两个方面：

一是工业生产的流程再造。数字化能够将生产环节量化，准确地检测和自动调整每个细分环节，以实现降本增效。换言之，"工业流水线"的颗粒度更细。例如三只松鼠利用数字技术，构建了一套中央品控云平台，在采购、包装、物流、销售各个环节收集大数据，包括供应商质量指数、产品分装质量指数、物流配送质量指数、客户差评解决率等信息，实现自动化、精细化管理。在这个过程中，重复性、流程性的工作岗位被数字技术替代，但是，创造力、分析和解决问题能力、社交能力等技能无法被自动化机器替代。三只松鼠有一个重要岗位——产品经理，主要是负责某一个产品门类，和消费者建立直接沟通渠道，再根据消费者反馈与研发部门共同改进和优化产品。

三只松鼠还诞生了一个新奇的岗位——产品检测工程师，俗称"试吃员"。据央视报道，试吃员们每天的工作就是吃吃吃，每天至少"吃"四公斤零食。仪器检测只能判断产品是否符合标准，但对于食品来说，消费者感官上的感受特别重要，比如坚果口感好不好、是否有坏籽、味道咸了或者淡了……这些靠机器难以检测的感觉，只有靠人工来品尝，才能确保更好的口感和产品品质的稳定。

二是服务业的供需匹配。数字技术进步通过降低交易成本，扩大市场规模，进而促进专业化分工，衍生出新的创意型工作岗位。例如，一场网络直播，就有对接厂商、商品选品、直播策划、现场直播、直播后复盘等多个环节，每个环节都可以衍生出新的职位——选品员、直播策划、主播、主播助理、数据分析员等等。李佳琦、薇娅，他们各自坐拥千万的粉丝，每月直播销售额都有10亿以上，他们都不是一个人在战斗。薇娅拥有一支500多人的团队，根据"用户需求""主播亲自体验""市场热度"三个维度，层层筛选推荐商品；李佳琦也有一支质量控制团队，所有的成员都是研究生，包括做食品研究、化工测试的专业人员。

数字化技术进步的冲击下，生产环节"专业化""细分化"的程度越来越高，劳动技能需求的变化速度大大加快，重复性、流程性的工作岗位大多岌岌可危，而依赖于人类创造力、分析和解决问题能力、社交能力等的技能工作岗位则会不断扩张。

领英2019年《中国未来技能趋势报告》发现，每个企业都面临着核心人才紧缺的压力。2020年，亚太地区可能面临1230万的劳动力缺口，而这个缺口在此后10年可能会扩大到4700万，相当于每年4.2万亿美元的机会成本。而导致人才紧缺的主要原因就是技能需求变化太快。世界经济论坛和领英有关未来工作趋势的研究显示，在全球范围内，平均42%的核心技能会在2018—2022年间发生变化。

一些互联网巨头已经开启了员工技能提升计划：亚马逊在积极实施业务自动化，例如供应链库存管理自动化，这就意味着仓库管理员们面临着失业危机。为了让他们能够另谋出路，亚马逊提供了面向仓库工人的数据技能培训，促使他们在新兴的业务中发光发热。美团也在2019年设立了美团大学，已发布10个数字化新职业人才成长体系，并与深圳职业技术学院等院校共同建设数字生活学院。

在数字化时代，数据成为新的生产要素，重塑各行各业的生产流程，因此，传统工作岗位的定义与边界也都在变化。每个劳动者都需要更新自己的职业技能包，才能在数字化时代找到自己的赛道。农民的工作从"面朝黄土背朝天"，变成了操作无人机、直播带货、利用人工智能"猪脸识别"养猪；越来越多的金融分析师们开始学习Python、R语言等编程语言和数据挖掘工具……

换句话说，你唯一要做的，就是不要被教育体系的"专业"

所定义，而是要挖掘自己的技能点，要自己定义"专业化"——

人人皆有禀赋，激活它。

写到这里的时候，北京五环外的清河已经秋意萧瑟，暮色四起。突然发现，已经用手机听歌好多年了，随手打开网易云音乐，正好在放杨乃文的《推开世界的门》，

"推开世界的门，你是站在门外怕迟到的人，捧着一颗不懂计较的认真，吻过你的眼睛，就无畏的青春。"

心有戚戚焉。

第五章

特斯拉叙事

CHAPTER **5**

失去的永不复返，世守恒而今倍还

……

一代人终将老去，但总有人正年轻

———刺猬乐队《火车驶向云外，梦安于九云霄》

2020年最魔幻的，莫过于全球金融资产的价格。

2020年年初，全球百年来最大的一场疫情，短短几个月时间，覆盖190个国家及地区，4643万人感染，120万人死亡。全球航空客运需求下降80%，贸易额下降逾二成，全球GDP预计下降5.2%。[1] 全球94%的劳动力受制于不同程度的流动限制，劳动时间大幅下降——当全球大批政要、经济学家都忧心忡忡，担心疫情造成的影响将是1929年大萧条和2008年金融危机的叠加，美股却带头走出了最大的V型反弹：从3月26日算起，纳斯达克指数一度暴涨54.8%，创出12074点的历史新高。债券翻

1　疫情数据截至2020年11月1日，数据来源：Johns Hopkins Coronavirus Resource Center（约翰·霍普金斯冠状病毒资源中心）。
全球航空客运需求数据来源于国际航空运输协会（IATA）。
据世界贸易组织2020年9月23日发布的数据，以美元计价的全球货物贸易额同比下滑21%。
据世界银行预测，2020年全球GDP将下降5.2%。据全球劳工组织今年第六版预测数据，仍有94%的劳动力存在某种程度的流动限制，第2季度损失的工作时长，相当于4.95亿个全职工作岗位的丢失。

红涨了6%，房产价格涨了3%，黄金价格更是狂飙26%。[1]中国创业板指最高触及2889点，涨幅近50%，几大指数自3月26日以来都是百分之几十的涨幅。更惊人的造富机器出现在A股IPO市场上，3月以来A股市场上发行了305只新股，上市当天平均暴涨一倍，一夜之间冒出成千上万的亿万富翁。

如果只看金融市场的走势，人类社会不像是在一场巨大灾难后的劫后余生，反而像是胜利女神尼克(Nike)展开了翅膀。马斯克和他的特斯拉，无疑是这场胜利中的佼佼者。

是模型和市场错了吗？

2020年5月30日，Space X载人龙飞船成功发射，马斯克再次成为全球媒体的流量之王，他的一句"创业就像嚼着碎玻璃，凝视着深渊"被不断煲成全世界的鸡汤。

当时我很多身在美国的朋友，无论什么职业、年龄，微信群组里都在谈论股票，其中最容易引起共鸣的话题就是"后悔没买或者早早抛掉了特斯拉股票"。7月，特斯拉的谷歌搜索频次比唐纳德·特朗普高出近60%。特斯拉的股价也是一路狂奔。8月31日，上市以来的第一次拆股让特斯拉股价当天暴涨12.6%，收盘价达到500美元/股，市值创下4643亿美元的历史新高。这个市值，相当于2.15个丰田，8个大众，15个福特，

1　资产价格涨幅计算了各类型资产从3月26日至11月1日期间的最高涨幅。

以及所有A股上市车企总市值的1.6倍，市盈率[1]高达1000倍以上，被称为"市梦率"。

从一个汽车企业的角度来看，这样的估值像个冷笑话：2008年才造出第一辆车，截至2020年第3季度，季产量不足15万辆，一共就4个车型在售，年营收不足300亿美元。更不要说成问题的盈利、可疑的消费需求、沉重的债务和漏洞百出的质量。2020年第1季度特斯拉盈利仅1600万美元，7月在欧洲市场上仅售出1050辆车，同比下滑76%；财务数据也是一塌糊涂，140亿美元的债务和融资租赁，标普评级是"非投资级别"的BB-级[2]；特斯拉的质量问题，比如车漆老化，电池缺陷，自燃爆炸事故、自动驾驶事故频发等，是各大媒体报道中的常客，而且诉讼不断。美国权威机构J.D.Power（君迪，一家以调查汽车、银行和其他产业的产品、服务质量、客户满意度等为主的市场信息公司）发布的2020年新车质量调查报告中，特斯拉以每100台车出现250个问题的成绩垫底。

再看全球龙头车企丰田：2019年年产1073万辆汽车，有1111款在售车型。全年销量1074万辆，营收2813亿美元，净利润195.16亿美元——从生产能力、销售渠道、产品、营收和盈

1　市盈率（Price Earnings Ratio，简称PE）是股票价格除以每股收益的比率，用来快速评估一只股票是否被高估或者低估的常用指标。市盈率越高，代表股价相对当前每股利润的倍数越高。

2　标普是世界知名评级机构，根据债券的违约风险和损失严重程度给债券评级，用字母符号简单表示债券的信用级别。BBB-至AAA级为投资等级债券，信用风险相对较低，是良好的投资品。BB+以下级别债券为投机等级债券，违约风险较高。

利能力等任何一方面看，丰田和特斯拉相差的都不止一个数量级。但是丰田的市值不过2114亿美元，不足特斯拉的一半。11倍的市盈率更是和特斯拉相差了100倍。

和传统车企相比，特斯拉像是一个怪物，彼此完全不在一个话语体系里。实际上全球对特斯拉的观感也是两极分化严重。

反对者们认为特斯拉是一个巨大的资产泡沫。Seeking alpha等股评网站上，几乎每天都有否定特斯拉的新观点出现。作为全球被做空得最厉害的股票，特斯拉的卖空率（卖空股数和流动股本之比）长期在20%到30%之间，甚至一度高达60%以上——与之相比，纳斯达克股票平均的卖空率大约在3.86%。特斯拉的股价也像过山车一样刺激：就在经历了8月31日的暴涨后，9月8日由于其纳入标普500指数的传闻落空，特斯拉股价在当日暴跌21%，一周内重挫34%。以稳健著称的巴菲特老爷子曾含蓄地说："马斯克是位了不起的人，特斯拉是家伟大的公司，但它并不是理想的投资标的。"

巴菲特的话不是空穴来风，从财务稳健和盈利稳定的角度看，特斯拉实在太贵。我们可以做点计算题：据国际汽车制造商协会的统计，当前全球汽车一年的销售约9000万辆。按照彭博新能源（BBNFE）、德勤（Deloitte）、国际能源署（IEA）等专业机构的预测，10年后电动车渗透率将达到30%。同时做乐观估计，假设届时特斯拉仍然能像今天一样，占据全球电动车市场20%的份额（目前全球汽车行业排名第一的丰田的市场占有率大约为12%）——这意味着10年后特斯拉能成为一家年销量在540万辆电动车的成熟车企巨头（9000万 × 30% × 20%）。也就是说，2030年，以单车售价5万美元、销量540万辆来计算，特斯拉将成为年销售额达2700亿美元的巨头。假设特斯拉能够实现5%的利润率[1]，那么它的盈利将达到135亿美元。如果特斯拉在此期间维持4500亿美元市值，那么特斯拉的市盈率将是33倍（4500/135=33）。这个估值大体上和目前谷歌、微软、苹果、阿里巴巴、脸书相当，比丰田的11倍市盈率仍然高出3倍。且不论这些乐观预期的实现是否存在巨大不确定性，即使所有预期都实现，特斯拉市盈率仍然是普通成熟车企市盈率的3倍以上。

　　按照经典的资产定价模型，这不是"合理"的估值。

　　但即使如此，在金融圈和汽车圈内，特斯拉也有大批坚定的拥趸：包括摩根士丹利（Morgan Stanley）、社会资本（Social Capital）、方舟投资（ARK Invest）在内的多家机构预测，特斯拉市值将在几年内站上万亿美元。美国专业财经杂志《巴伦周刊》毫不掩饰地将特斯拉列在有望冲击万亿市值的公司名单之首。[2] 从2013年开始陪跑特斯拉的苏格兰百年资产管理公

1　特斯拉利润率至今最好的表现是2.72%（2020年第3季度），假设特斯拉到时的利润率接近全球千亿人民币市值车企当前利润率的中位数4.8%。

2　美国《巴伦周刊》在2020年7月畅想了未来可能成长为万亿市值的公司，特斯拉位列第一，迪士尼、Netflix等紧随其后。《巴伦周刊》看好特斯拉的理由是它将根本性地改变一个长时间静如止水的行业。如果马斯克大幅提升销量，开展与汽车相关的附属业务，特斯拉市值再翻一番不是梦。资料来源：https://www.barrons.com/articles/4-stocks-have-trillion-dollar-values-whos-next-51593862201.

司巴美列捷福（Baillie Gifford）坚定地持有特斯拉4%以上的股份，而且一直频频发声，认为传统车企是"大象转身难"，无法适应未来的巨大变化，特斯拉小而灵活，天生具有数字基因，就像苹果重新定义了手机一样，特斯拉会重新定义"汽车"，具有无限的上升空间。

在这一套话语体系里，特斯拉被视为"出行行业的颠覆玩家和革命者"，拥有几乎所有充满想象力的概念，比如电动车加新能源，自动驾驶加智能化，共享汽车加新经济。大众汽车集团CEO迪斯（Diess）不无悲凉地叹息："我们还是被评估为汽车企业，而特斯拉已经是一个科技企业了，属于传统汽车制造商的时代已经结束了。"

在电动车代表未来这个基本共识下，拥有硅谷基因的特斯拉被认为有更好的产品、更硬的科技、更轻的历史包袱，能够在未来汽车市场占据头部地位，就像风险投资专家查马斯·帕里哈毕提亚(Chamath Palihapitiya)说的，"人们现在考虑的是传统汽车的消亡和转向电动汽车的大趋势，特斯拉将在这一市场中获得巨大份额。"

换言之，特斯拉的参照物不是车企，而是苹果。2007年1月9日初代iPhone发布会上，乔布斯拿着一台触摸屏手机，说"今天，苹果要重新发明手机"的时候，绝大部分人不知道他究竟在表达什么。直到十多年后的今天，手机的操作系统、外观、摄像头、功能性都逐渐被苹果重新定义。随着这些颠覆性变化迅速席卷世界，传统手机巨头诺基亚、黑莓被终结，苹果也以"智能手机时代缔造者"的身份成为全球市值最高的企业，价值2万亿美金。就像苹果之于智能手机领域一样，特斯拉被粉丝们视为未来"电动车"和"智能出行"领域的绝对领跑者。

面对特斯拉，不管是圈内还是圈外人，可能都忍不住要进行灵魂拷问，到底是哪个环节出了问题？是模型错了，是市场疯了？抑或是世界变了？

叙事的力量

在回答这个问题之前，我们要先理解一个词语——叙事。

在最近出版的《叙事经济学》（*Narrative Economics*）一书中，2013年诺奖得主罗伯特·希勒（Robert Shiller）将叙事解释为"**通过口述，新闻媒体和社交媒体得以病毒式传播的大众性故事**"。作为承载公共信念的载体，叙事可以是人物、思潮、故事、事件，甚至是一首歌。当某种叙事在社会上广泛传播和出现时，会逐渐引起广泛的情绪共鸣。这种叙事引发的情绪共鸣，有着强大的力量，会影响人们的判断、决策和行为。

比如说，2014—2015年间的互联网金融热潮，"互联网将颠覆金融行业"的这个叙事在中国市场上被传播、接受，到最后影响人们的决策和市场价格就是典型的例子。在移动互联网技术的大背景下，"银行不改变，我们就改变银行"这种强有力的表达加速了叙事到集体信念形成的过程，然后迎来的就是与互联网金融有关的资产价格的暴涨。烟花行业唯一的上市公司——熊猫烟花，从2014年开始在互联网金融领域频频发力，先后成立了银湖网P2P平台，收购了你我贷51%的股份。2015年4月熊猫烟花摇身一变，更名为"熊猫金控"，主营业务变更为"以自有资产进行互联网产业的投资和管理"之后，熊猫烟花的市盈率从一年前的80倍直接上升到1000多倍。类似的故事也不断助推集体信念的传播，股民们逐渐觉得"颠覆"这个事情能兑现，资产交易更加活跃，市场情绪更加高涨——"叙事"所形成的集体信念变成了资产价格的一个部分。

如果这种集体信念是错的，那么现有的资产价格就是泡沫——21世纪初美国"房价不会下跌"的这个叙事就转变成了金融危机。中国这种流行叙事导致的泡沫更多，玉石，红木，藏獒，兰花……都有过这种叙事由盛转衰、价格起落的经历。

一旦这种集体信念被更大面积的接受，成为公共信念，被固化甚至传承下来，就会变成驱动资产价格甚至经济变化的内生因素。钻石就是一个最成功的例子。钻石就是碳元素，现在的人造钻石在成分上已经和天然钻石没有差异，不存在稀缺问题。但是聪明的商人将"坚贞爱情"的叙事赋予了天然钻石，尤其是戴比尔斯公司（De Beers，全球最大的钻石开采公司）一句"钻石恒久远，一颗永流传"的广告语深入人心，口耳相传。这个叙事大获成功，"钻石就像坚贞爱情的承诺"逐渐从叙事成为集体信念，传播时间越来越久，甚至开始上升到"信仰"的层面。一个很有意思的现象是，不管我们是否相信动辄数十万的钻戒真的"值这个价"，很少有女生愿意主动放弃这个信仰，更少有男生敢轻易挑战这种信仰。

更重要的是，群体性叙事会深刻地影响经济政策。比如著名的拉弗曲线。拉弗曲线是1974年美国经济学家阿瑟·拉弗（Arthur Laffer）某次晚餐时在餐巾纸上随手画的一根曲线，用以证明政府可以在不削减开支的情况下减税。这条倒U型曲线讲了一个"高税收减低人们工作积极性，从而降低国民收入"的故事。可能是因为"写在餐巾纸上"的这种场景感，也可能是因为正好和当时经济滞涨，社会越来越厌倦政府管制的社会思潮有关，反正这个故事在英美民众中快速流行传播了起来。1979—1980年，罗纳德·里根（Ronald Reagan）和玛丽·撒切尔（Margaret Thatcher）在竞选中也频频引用拉弗曲线的故事，并把对高收入人群的减税作为当选后的主要政治承诺。里根上台后，实行了以大规模减税为核心的经济复兴计划，将个人所得税降低23%，资本所得税降低20%，将企业所得税的最高税率从46%降至33%。这次减税带来的后果极为深远，一方面刺激了20世纪80年代后美国的金融深化和经济繁荣，另一方面，也像本书第二章所说，使得社会贫富差距快速拉大，造成很多社会问题暗流涌动。

中国也从来不缺乏叙事影响政策的故事。比如A股的IPO

停摆叙事。A股市场自1990年成立以来，经历过9次短到数月、长则一年有余的IPO停摆。每次股市进入熊市或者狂泻不止，直线式的叙事逻辑"IPO发行速度太快导致市场下跌"就会开始盛行。交易所频繁发出的"因近期市场波动较大，发行人及主承销商出于审慎考虑，决定暂缓后续发行工作"公告一次又一次地出现在人们面前，强化这个叙事。股票市场动辄IPO暂停，然后大批企业排队，形成股票发行的"堰塞湖"，惹得无数诟病。在没有赚到钱或者亏了钱的人群中，这个叙事很容易像瘟疫一样流行起来——资本市场是预期的市场，尤其像我们这样在"干中学"的年轻资本市场，流行叙事的力量如此强大，会直接影响到监管部门的态度和决策。一旦这个叙事被强化成集体信念，IPO停摆就势在难免了。

实际上，在现代社会治理体系下，大众叙事和集体信念的流行传播是社会现象形成的重要原因。尤其是随着即时通信技术的成熟，社交媒体互联的流行，这种叙事和集体信念更容易产生"病毒式传播"，从而对社会产生更大影响。一项基于"寨卡病毒叙事"在美国社交软件脸书传播的研究表明，当帖子包含中度或高度耸人听闻的消息，增加民众恐惧至引起轰动效应后，民众就会利用社交软件，疯狂对原始帖子进行点赞、评论和分享，并且民众的行为没有显著差异，步调非常一致。[1]所以美

1　Khudejah Ali, Khawaja Zain-ul-abdin, Cong Li, Lisa Johns, Ayesha Aziz Ali, Nicholas Carcioppolo, "Viruses Going Viral: Impact of Fear-Arousing Sensationalist Social Media Messages on User Engagement", *Science Communication* 41, 2019.

国经济学家罗伯特·希勒会认为:"经济波动主要是由各种过度简化且易于转述传播的经济叙事驱动的。这些观点给人们零散的思想和行动染上了颜色。"

近年来全球经济最成功的叙事是比特币叙事。互联网时代开启以来,技术极客们崇尚技术无政府主义,认为政府天然有滥用货币发行权力掠夺私人财富,监视资金流向,侵犯人身权利的倾向。他们的很多技术创新都旨在对抗这种倾向,比如基于SHA256哈希函数[1]的加密算法,去中心化的分布式账本(区块链)等。2008年,比特币面世,这是一个集密码学、货币银行学、点对点传输、分布式存储、共识机制等技术于一身的数字加密货币。它的首次发行时间很有趣,正是2008年金融危机之后,全球对华尔街金融霸权的厌恶达到顶点的时候——这给了比特币叙事传播一个良好的开端。同时,除了一份带着檄文色彩的白皮书外,比特币创始人中本聪始终神龙见首不见尾,身份成谜,这又给比特币叙事平添了神秘色彩。无政府主义,神秘主义,技术极客,数字货币——这几项叙事叠加起来,在后金融危机的悲情中被放大,然后迅速在技术圈和暗网世界流行开来,一种关于"未来货币"的集体信念逐渐形成,比特币的价值开始飙升。

---

1 SHA256哈希函数(Secure Hash Algorithm)是一种加密算法,输入任意长度的消息,SHA256函数都会将这个消息输出为一个长度为64的十六进制字符串。比如"香帅2020年财富报告"的SHA256哈希值为"b1d268f63d45672abe4d14ff2adb77254ad25f9d395b7c835d6e44a99562d147"。

　　2013年，温克尔沃斯兄弟（Winklevoss）将状告脸书创意侵权获得的1100万美元赔偿拿来买了比特币，没想到2017年比特币的价格飙升25倍，从年初的778美元增至年末接近2万美元，温克尔沃斯兄弟的比特币资产变成了142亿美元。这笔横财让温克尔沃斯兄弟数度进入福布斯数字货币富豪排行榜的前十名——类似这样一夜暴富的故事在币圈比比皆是，这更加速了比特币叙事在全球病毒式的传播。比特币叙事成功破圈，开始将更多人和场景卷入其中。除了那些英雄主义的叙事外，"暴富"这个更容易广泛传播的概念也被附加在比特币上，关于比特币的共同信念被加强、被疯传，刺激着其价格进一步上涨。当比特币的价格从0.1美元到突破2万美元时；当委内瑞拉2018年的恶性通胀导致CPI高达65374%，比特币成为当地民众保卫财富的硬通货时，比特币已经成了全球性叙事。这些叙事成就了"比特币"这个新物种，也让比特币开始成为全球货币经济史中的有机组成部分。更重要的是，尽管比特币本身成为未来全球货币的希望渺茫，但是比特币叙事的流行改变了历史演进的速度，刺激了全球数字货币的发展——2019年Libra白皮书正式发布，一套由支付业、风投、技术巨头牵头，无国界的全新金融基础设施愿景有了落地的蓝图；2020年，我国央行推行的数字货币（DCEP）进入测试阶段，由银行和互联网巨头牵头在全国部分城市测试应用场景。以比特币为代表的数字货币叙事，已经从梦想照进现实。

特斯拉：从叙事到信仰

一个叙事的病毒式流行及带来的经济影响力，绝对不会是空穴来风，它们反映的是这个时代的变化。比如茅台8年前还只是一个普通的优秀白酒企业，到2020年成了中国的第一大市值股票。这样的估值，和"世界上有两种酒，一种是茅台，一种是非茅台"这样的集体信念不无关系，而且这种集体信念还转化成茅台的社交价值——"面子"[1]。随着集体信念获得了更加广泛的认可，其社交价值也越来越坚实。再追溯下去就会发现，这种集体信念的形成、流行则和最近十年的大环境密切相关：经济高增长后，居民收入上升，社交消费升级，"社交价值"也随之上涨，而社交媒体的兴起又加速了这种价值信念的传播。

特斯拉也不例外。2020年特斯拉叙事突然风靡，在股价方面上演了一场资本市场关于未来增长的狂欢。

2003年，32岁的马斯克已经成功创立了贝宝（Paypal），他无意中试驾了一款tZero的电动汽车后，萌生了制造全电动跑车的想法。2004年，马斯克向特斯拉投资了630万美元，出任该公司CEO。到2012年，特斯拉作为当时唯一一家在美股上市的纯电动汽车制造商，马斯克宣布量产四门纯电动汽车Model S，将电动车推向了千家万户。

其实在特斯拉之前，电动汽车已经诞生了近200年。1900

---

1 "面子"一词源自原汇添富基金创始人，正心谷创新资本董事长林利军的《投资大师与投资哲学》课堂。

年，美国道路上行驶的汽车中，有1/3是电动汽车。只是随着石油开采技术、内燃机技术的推进，燃油车迅速在价格、性能方面取得了绝对优势，并称霸了随后的一个世纪。直到2011年，中国市场上销售的1850万辆汽车中，只有8159台电动车，渗透率不足0.1%。全球都对电动汽车心存顾虑，没几个人看好电动车的未来。同年，中国电动汽车制造商比亚迪以纯电动大巴进军北美市场，并在美国洛杉矶建厂。比亚迪总裁王传福高调宣布，还将以类似的策略打入欧洲市场，进行电动车领域的大手笔布局。2011年《环球企业家》撰写了一篇题为《比亚迪大败局》的文章，对比亚迪的电动车战略颇多微词，文中提到电动车的应用时，引用了某大能源公司CEO的话：**"从目前来看，现有材料体系不可能支持能量密度、功率密度很高的纯电动车，其商业化目前只是幻想。"**

但技术进步的速度远超想象。电池成本过高、电池能量密度不足、充电配套设施欠缺等制约电动车大规模商用的瓶颈，很快迎来了曙光。2013年我国出台了新能源汽车补贴政策，当年电池能量密度较2010年提升30%，快速充电、续航里程等瓶颈有了突破性进展，电动车的前景开始逐渐被市场认可。更重要的是，随着智能化未来的轮廓越来越清晰，汽车作为大型移动终端，人与车、车与物、车与车之间的信息互动开始升级，"汽车"开始成为万物互联智能生活最具想象力的场景。从2011年起，在平均增速1.7%左右的全球汽车行业增长中，电动车销量一枝独秀，以40%的速度增长——关于电动车的叙事开始盛行。传统车企也开始加入进来：2013年以来，通用、大众、奔驰、宝马纷纷宣布进军电动车领域。

与此同时，自动驾驶技术的演进加速了特斯拉叙事的流行。2013年5月，马斯克第一次提到"自动驾驶用在飞机上是好事，我们应该也把它用上"，当时没有多少人能听懂马斯克谋划的蓝图。2014年10月特斯拉在所有车型上安装自动辅助驾驶硬件，11月特斯拉车主发现有了道路偏离警告和速度提醒，12月有了自动定速巡航系统，人们开始适应自动驾驶技术的快速迭代。同年12月谷歌推出了100%无人驾驶汽车原型。随后几年自动驾驶技术快速发展，2017年百度CEO乘坐无人驾驶汽车上了北京五环，人们关注的焦点是他有没有违反交规，而不是自动驾驶技术有没有成熟到能上五环——"智能化，自动驾驶，电动车"开始逐渐变成共识。

特斯拉在这个叙事流行中扮演了一个很特殊的角色：一方面，它占据了叙事的核心位置，始终吸引着市场的关注；另一方面，它的存在也充当了叙事的重要载体和创作源泉。从2013年到2019年年底，特斯拉股价六起六落，经营情况和盈利状况在人们不断的质疑和表现低于预期、一点点超预期的印证中往复，最终冲破了天花板，这也正是这个叙事逐渐从碎片成为共识的过程。

但2020年特斯拉股价的暴涨，还不止于此。

人类和市场都是"叙事"的结果，投机和话题从来是市场定价的一个部分，所有的定价因素会被叙事强化和放大。2020年6月随着特斯拉市值超过丰田，成为全球市值最高的车企，市场开始集体高潮，觉得"未来已来"。这一叙事的病毒式流行，其实是我们身处世界变化的一个映射，背后隐藏着我们这个时代资本市场发生的最大变化：（1）负利率；（2）数字化主导的增长分化。

理解这两个变化，是理解特斯拉叙事的核心要素，更是理解未来10年资产价格的锚。

负利率：金融资本的衰落

在讲述负利率之前，我们先回顾一下最经典的资产定价模型——戈登模型[1]。这个模型告诉我们，任何一个资产的价格应该等于其内在价值，而内在价值则是其未来创造的现金流折现回今天的价值的总和。这意味着，决定资产价格的两个关键变量：一个是现金流的折现率，一个是现金流的增长率。

假定明年的收入是1亿，如果折现率是10%，折回今年的价值就是9091万。但如果折现率只有5%，折回今年的价值就变成了9524万。所以折现率的高低直接决定了资产的定价，折现

1　股票价格等于未来预期现金流的现值加总，戈登模型(Gordon Model) 也应用这个思路，是被市场广泛运用的股票估价模型。它揭示了股票价格与股息、股票贴现率、增长率之间的关系。戈登模型的计算公式如下：P=D/(r-g)，其中P为股票价格，D为预期每股股息，r为投资该股票要求的贴现率，g为增长率。尽管任何一种投资模型都不可能适用于所有股票，但是戈登模型仍被证明是一种较为可靠，能够评价股票定价合理性的有用指标。

率越低，资产估值的中枢就越高。除了折现率，现金流的增长率也直接影响资产价格的高低。不管是个人收入还是企业利润，增长率越高，个人或企业的价值就越高。

现在我们再回到这个时代资本市场的第一个关键词：负利率。

2020年，利率水平进入海平面期，零利率、负利率成为主流，未来很长时间内都不再有大幅上升的可能性。

仔细看历史趋势，我们会发现，利率水平的下降已经有30年了。自从1971年布雷顿森林体系坍塌，全球进入信用货币时代后不久，也就是自1990年以来，利率一直处在下行通道中。尤其是1997年亚洲金融危机，2000年互联网泡沫破裂，2008年次贷危机等几次大波动后，各国为了刺激经济，都开启了放水降息的模式，利率下行的速度更快。2009年，瑞典央行首次将基准利率降至-0.25%的水平。日本、法国、德国、瑞士、丹麦、挪威、西班牙也都紧随其后，利率都一度降到零以下。2019年，G7国家（美国、日本、英国、德国、法国、加拿大、意大利）的平均基准利率不到0.1%。作为市场利率的风向标，下图5-1中各国十年期国债收益率近40年的变化图，展示了利率变化的长期趋势。

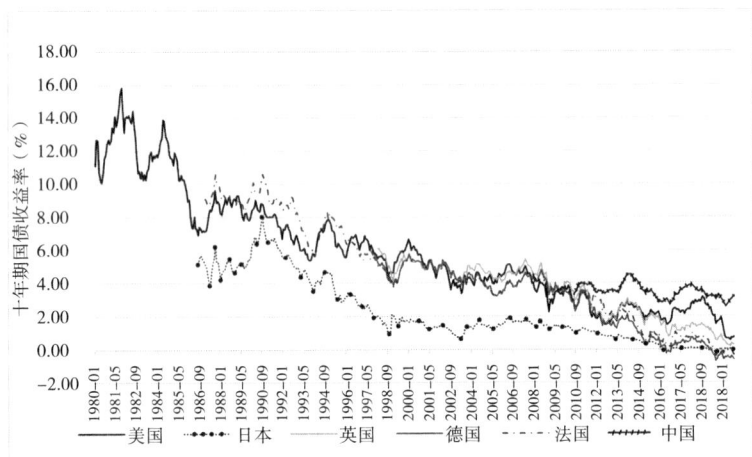

图5-1 1980年—2018年六国十年期国债收益率

全球利率水平的下降反映了过去半个世纪以来两个显著变化：

第一，**资金不再稀缺**。二战后全世界经历了最长的和平时期。从欧美国家的黄金时代，到日本崛起，到亚洲四小龙，再到以中国为代表的金砖国家，人类社会经历了几次巨大增长，全球人均GDP从20世纪60年代的451美元，飙升至2019年的11429美元。这样长时间的和平和高增长让人类的财富累积到了前所未有的水平。以美国为例，20世纪70年代，美国的资产管理市场规模仅500亿美元，50年后的今天，这个数字扩大了1700倍，资产管理市场规模为85万亿美元。资金从稀缺转向富余，导致资金使用价格（利率）下行。

第二，货币政策与增长成为内生关系。信用货币时代，各国政府对经济有了更大的调控权力。从全球范围来看，碰到增长乏力或者天灾人祸，通过量化宽松的政策，降低利率来刺激全社会的消费投资欲望，托底经济增速，已经成为宏观调控的标配。越是低增长，越是发生外生冲击，货币政策越宽松。21世纪以来，欧美普遍增速乏力，而且债务危机不断，导致宽松货币政策持续，资金价格不断下行。尽管使用货币政策刺激经济增长的边际效果一直在递减，比如日本利率和经济增速双低的局面已经维持快22年了，但从短期救急的角度来说，这仍然是政府最可行的选择之一。[1]

2020年3月，"21世纪最大的疫情"肆虐，全球都陷入了对大萧条的恐惧。"放水救急"成为各国稳经济，打破疫情蔓延—经济崩盘—民不聊生—社会危机这个恶性循环的不二选择。这个方法的最大好处是易操作、见效快。尤其1929年和2008年正反两个案例[2]在先，抛开长期的副作用不说，短期止血效果立竿见影，无论如何都能够"以时间换空间"。疫情冲击之下，面对全球性的经济停摆，各国政府使出了洪荒之力，采取了史无前

---

[1] 这个问题比较复杂。但从经济增长角度上说，在资金并不稀缺的大背景下，全球增长的瓶颈不是光靠更多资金投入可以解决的，而需突破性的技术进步和应用落地、人力资本积累、生产力有量级的提高、制度进步。相关研究支持证据来自诺奖得主保罗·罗默（Paul Romer）、罗伯特·卢卡斯（Robert Lucas），以及经济学大师罗伯特·巴罗（Robert Barro）、丹尼·罗德里克（Dani Rodrik）等人。

[2] 1929年金融危机，各国央行都没有及时给市场补充流动性，导致市场流动性危机越演越烈，形成多米诺骨牌式的坍塌，然后蔓延到实体经济，酿成了大萧条。这个事情引起政策和学术层面多年的反思。所以在2008年次贷危机后，以美联储为首的各国央行果断携手，共同为市场注入流动性，防止了事态的进一步扩大，而且事后的恢复速度也更快，

例的宽松的货币政策和财政政策。

财政政策方面：美国国会先后通过了3万亿财政刺激法案，对失业人员、小企业、受疫情严重影响的行业，以及地方政府、医疗机构进行大幅度的财政援助。美国财政刺激额度约占2019年GDP的14%。除了美国，英国、日本、法国、西班牙、加拿大、澳大利亚等国均进行了财政刺激，且财政刺激的规模均占到了各国2019年GDP的10%以上。

货币政策方面：全球央行开启降息潮。美联储在2020年3月15日直接紧急降息100个基点（1%），将联邦基金利率（美国基准利率）目标区间大幅下调至0—0.25%，并启动了7000亿美元的量化宽松计划。英国央行在3个月内连续紧急降息65个基点（0.65%），将英国基准利率降至0.1%。2020年10月，随着第二波疫情的影响，英国央行正在讨论实行负利率的可行性。

短短几个月内，美联储放水量高达3万亿美金，是2008年的2.3倍。欧洲央行资产负债表扩大了2.3万亿欧元，膨胀了50%以上。短短几个月全球主要经济体央行的负债端平均增长43%。史无前例的放水确实快速稳住了局势——本章开头的魔幻一幕出现了，一边是下行的经济形势和就业市场，一边是资本市场的V型反弹，甚至走出大牛市的行情。资本市场的逆势反弹避免了资产价格的雪崩传染给实体经济，进而引发螺旋式危机的局面。但是，天量资金涌入市场的结果也是明显的，利率水平再下一个台阶。从长期资金价格来看，美国10年期国债收益率已经下降到0.69%，是美国立国200多年来的最低水平。英国为0.28%，也同样处于历史最低点。欧元区的十年期国债收益率水平降至负数，为-0.03%。伦敦银行同业拆借利率（Libor）是全球短期资金价格的锚，当前1月期限Libor利率仅0.14%，是疫情之前短期利率水平的1/10不到。

更重要的是，在目前大规模刺激政策之下，疫情对经济的长期负面影响——企业投资大幅下降，居民因收入下降或者不确定性上升导致的消费萎缩——并没有完全显露出来。为了避免通缩加剧，社会萧条，各国的量化宽松政策一时半会儿根本无法退出。这意味着在未来相当长的一段时间内，全球（基准）利率中枢会徘徊在零附近，上行空间微乎其微。

零利率/负利率——这是我们这个时代资本市场叙事的第一个要素。

根据戈登模型，（分母）贴现率越低，资产价格越高。尽管不同资产的贴现率迥异，但从整个资本市场的角度看，贴现率和市场基准利率高度相关。所以，2020年之后，基准利率水平的下行意味着整体资产估值中枢的上升。

这听上去像个好消息，资产估值中枢上升，资产价格上行，这是否意味着投资资本市场更有利可图呢？

很遗憾，答案是否定的。数学理论告诉我们，一个分数，给定其他条件不变，分母越小，其任何微小波动都会导致分数值的剧烈波动。所以，利率（贴现率下行）同时也意味着资产估值的波动性加大。[1]换言之，随着未来5年甚或更长时间的零（负）利率趋势，全球资本市场来到了一个没有天花板的高波动年代。

增长分化：数字化是一种信仰

除了负利率之外，2020年后资本市场的增长将主要来自"数字化"。

如果看数据，我们会发现，过去一个多世纪，股票市场承载了绝大部分的美国增长，尤其是过去30年，股票回报率远远超过美国的平均增长率：1929年到2019年，标普500指数的平均年化回报率为5.98%，同期美国GDP增速为6.02%，两者增速相当；而从1990年至今，标普500指数的平均年化回报率为8.47%，同期的美国GDP增速仅为4.51%，两者差距拉开了近一倍。

对比十年南柯一梦的A股市场，这样的收益率难免让中国投资者痛心疾首，也难免生出"美国企业普遍生机勃勃"的感触。不过，"总量"的数据从不是故事的全部。如果仔细分析数据的结构，我们会发现1926年到2016年，美股市场共25332家

1　我们用前面提到的戈登模型来举个简单的例子。戈登模型的计算公式P=D/(r-g)中，假设一家企业的预期增速g是5%，当贴现率r从10%下降到6%时，如果这个公司的股息D下降1元钱，在过去股价会下降1/(10%-5%)=20元，而现在股价会下降1/(6%-5%)=100元。在贴现率r较低的时候，同样的股息变化，将股票价格的变动放大了4倍。

企业，替投资者创造了大约35万亿美元的价值。[1]但是这些价值几乎全部来自其中的1092家企业。这1092家企业中，头部90家企业创造了一半以上（大约17.4万亿美金）的价值。

所以真实的故事是：尽管听上去"投资美股"是个高回报的项目，但实际上真正替投资者创造价值的只有不到5%的企业，而其中0.3%左右的企业占据了一半份额。这些企业，大多是我们耳熟能详的公司——麦当劳、耐克、微软、苹果、谷歌、美国银行、宝洁、沃尔玛、迪士尼、辉瑞制药，等等。这意味着，资本市场的增长从来不是雨露均沾的，甚至连二八分化都算不上。所以，即使投资全球最好的股票市场，想要实现财富的保值增值，要么投指数获得一个平均收益，要么赌运气和眼光，赌中那个百分之五或者千分之三。

怎么赌呢？也不是完全无迹可寻。如果我们将过去的胜利者进行分类，就能发现美股的增长呈现出很强的"时代特征"。

20世纪50—60年代的增长之源是汽车和钢铁行业。和这个时期的高速工业化进程相吻合，汽车和钢铁是战后美国的经济支柱。这个阶段的美股增长主要由通用汽车（GM）、美国钢铁公司（U.S.Steel）、通用电气（GE）、伯利恒钢铁（Bethlehem Steel）、美国电话电报公司（AT&T）等企业贡献。

80年代的收益之王是能源（石油）业。能源行业的垄断使

---

1 数据测算来源H.Bessembinder, "Do stocks outperform Treasury bills?", *Journal of Financial Economics*129, 2018。35万亿美金的测算并没有调整通胀的影响。如果考虑通胀的影响，比如以2010年美元不变价进行测算，美股创造的整体价值要高于35万亿美元。

得这个时期的石油巨头进入高光时代。1980年美股前十大巨头除了美国商业机器公司（IBM）和AT&T，剩下的全是石油公司。埃克森美孚公司（Exxon Mobil Corporation）在80年代市值翻倍，并于1989年登顶美股市值第一的位置。

80—90年代的增长由美国消费品牌贡献。随着全球化进程的加快，拥有成本和规模优势的美国快消品牌和零售企业迅速占领世界市场，成长为全球巨头，这个时期的美股增长主要来源于"美国消费（零售）品牌"，我们熟知的可口可乐、吉列、耐克、阿迪达斯、沃尔玛都是这一时期的现金牛。

90年代初到2000年的美股收益则主要来自第一代互联网巨头。PC电脑在这个时期快速普及，推升美国居民互联网普及率迅速从90年代初1%的水平增长至2000年的43%。与计算机终端相关的PC硬件、网络、操作系统……第一代互联网公司百花齐放。1995年，微软公司推出了95版Windows操作系统，同年微软第一次晋级美股前十榜单，成为位列第9的巨头。到2000年，美股前十大股票中有3家高科技公司上榜，分别是：思科、微软和英特尔，甲骨文公司位列11，它们都是第一代互联网巨头。1990年用1万美元投资思科，到2000年时会变成344万美元，年均增速近乎80%。

2000年到2008年是美股金融和科技双螺旋增长时代。得益于1999年11月通过的《金融服务现代化法案》，银行业兼并收购与混业经营在法律层面上的障碍扫除，为金融巨头快速增长铺平了道路。所以互联网泡沫破灭后，美国增长的源泉由数家快速成长的金融巨头开启。2000年美国国际集团（AIG）成为全球最大的保险公司，市值超越今天全球金融行业巨头伯克希尔·哈撒韦（Berkshire Hathaway）近一倍。2004年在市值排名前十位的公司中，第一次发生三家金融企业同时上榜的局面，花旗银行、美国银行和AIG分列第4、第7和第9位。同一时期，以信息技术为核心的美国高科技公司也表现出了强劲的涨势。苹果公司于2007年第一次进入了美股前十的榜单。2008年美国信息通信技术行业的增加值占GDP的比重升至6.2%，较90年代几乎翻倍。在此背景之下，这一时期快速增长的公司除了苹果公司，还有二次发力的美国最大的移动及互联网服务提供商AT&T，以及谷歌、网易、高通和英伟达。

从2009年开始，美股进入了脸书、苹果、亚马逊、微软、谷歌的五巨头时代（简称BIG5）。正如我们在第三章中所说，这些企业虽然被称为"互联网巨头，科技巨头"，但实际上分属社交媒体、消费电子、电商、软件、搜索引擎等完全不同的赛道，它们真正相同的是底层逻辑：基于数字技术的行业平台生态。五巨头的出现意味着金融资本开始让位于技术资本，数字技术开始成为增长的动力。2009年至2019年，代表技术资本龙头的标普500信息科技指数年均涨幅19.3%，代表金融资本龙头的标普500金融板块指数年均涨幅10.6%，两者差距达一倍多。

尽管美股的增长点一直在变化，但一个不变的趋势是，不管是能源时代、消费时代、第一代互联网时代，还是投行时代，增长的果实从来都只属于少数巨头，而且利润／收益向头部企业集中的趋势随着时间推移越来越明显。而数字时代，就像第三章所讲的，由于技术进步的高度偏向性，马太效应会在数字化进程中被放大，"增长分化"会成为数字时代资本市场的最大特征。

2014年以后这个特征已经显性化：从这年开始，代表新兴科技龙头的纳斯达克100指数和代表美股"绝大多数"的罗素2000指数开始分化。截至2019年年底，纳斯达克100指数的5年涨幅为16.0%，罗素2000指数的涨幅只有6.2%，两者相差2.6倍。而纳斯达克涨幅的贡献主要来自英伟达、博通、奈飞、微软、亚马逊等头部企业。

2020年疫情冲击之下，全球隔离，线上化和数字化反而受益加速。3—4月美国零售和食品服务销售额同比下滑13%的情况下，亚马逊由于大量线下商业转为线上，第1、2季度的营业收入分别逆势上涨26%、40%。其余数字化巨头也都属于受益者。年初至今，美国资本市场上标普500指数上涨了7.8%，但几乎所有的涨幅都来自这五家头部数字平台：平均上涨45.6%，而其余495家企业股票整体涨幅微乎其微，仅0.44%。[1]市场上流传着一个玩笑，说现在标普500改名了，叫作标普5（也就是这五大数字平台巨头）和标普495。这也代表了数字时代增长的特

征——强者恒强，分化加剧。

　　就像电力技术从颠覆者逐渐变为主流，最后再成为背景一样，数字技术也正处在从颠覆通往主流的门口：对于世界来说，一旦数字化逐渐渗透进社会生活和传统行业（工业、农业、服务业等），会大幅提高效率，促进全社会的增长，但是在这个"光明的未来"背后，有着越来越大的巨头阴影。这阴影如此巨大，几乎要将整个世界笼罩。实际上，数字巨头的超强垄断已经不是秘密。谷歌在搜索、广告领域，亚马逊在在线零售领域，脸书在社交和广告领域，苹果在App Store应用商店平台上，都拥有绝对的垄断地位，它们可以制定自己体系内的游戏规则，随意挑选赢家，并且可以收购、处置可能威胁自己的竞争者。它们还可以制定并支配搜索、广告、社交规则，掌控着产品定价，变动着商业逻辑，它们在这些方面的控制力已经引起了各国政府的关注，担心滥用垄断权力，偏袒或者歧视消费者，破坏竞争，扼杀小企业的创新创业等一系列问题。2020年，美国众议院司法委员会发布了一份长达449页的关于亚马逊、脸书、苹果、谷歌四大科技巨头是否违反反垄断法的调查报告。经过16个月的密集调查以及7次听证会，这份报告认为四大科技巨头在不同领域都存在某种程度的垄断，每一个平台都是当今数字化市场中的守门人——"那些弱小的、被打压的、挑战现状的初创公司已经变成了我们在石油大亨和铁路巨人时代看到的垄断企业"。[1] 尽管调查报告建议拆分科技巨头业务并且修订反垄断法，但即使有政策法律方面的干预，未来增长的路径、方式和趋势仍然不会改变。当技术资本取代金融资本成为增长的核心动力，资金更会"用脚投票"，加速分化的进程。在数字化加速的时代，"凡有的，还要加给他，让他有余；没有的，连他所有的也要夺过来。"增长的极端分化，这是我们这个时代资本市场叙事的第二个要素。

这个要素告诉我们一个多少有点悲哀的事实：资产价格的"普涨"是个海市蜃楼。即使看着估值在上涨，自己也总是和那些涨幅"美人如花隔云端"。这个世界越变越美好，但是越来越与我无关——这可能是未来资产世界里我们的感受。这会是一个分化的世界，资本市场的头部效应越来越强，能够撬动数字化杠杆的公司越来越强。资产价格上涨和大多数股票无关，这或许是未来很长时间内我们都要面对的现实。

特斯拉叙事：数字化新物种

负利率和数字化驱动的增长分化，在这两个大的叙事要素下，我们再看特斯拉的股价，很多"异常"就有了合理的解释。

特斯拉叙事中，"数字化时代的汽车行业颠覆者"是最具想象力的部分。

---

1 Investigation of Competition in Digital Markets, available at https://judiciary.house. gov/uploadedfiles/competition_in_digital_markets.pdf.

汽车行业不是一个普通的行业。自 1908 年福特公司造出世界上第一辆属于百姓的 T 型车以来，今天的汽车制造、生产、销售体系本质上与 100 年前没有太大的差异。虽然屡被诟病"变化极慢"，但汽车行业自身的产值和影响力确实惊人：全球汽车行业年均销售 9000 万辆新车，消费市场价值 2 万亿美元，是一个能够撑起中国近 3000 万人，美国近 1000 万人就业的巨型产业。道琼斯工业平均指数成分股中，一半的成分股依靠汽车产业链获取收入。更重要的是，汽车制造被称为"人类工业皇冠上的明珠"：一辆最普通的汽车大约由 1 万多个不可拆解的独立零部件组装而成，几乎涵盖了工业制造所有的种类，人类在工业、能源、交通、通信、计算等多个领域最先进、最前沿的技术都在汽车制造上有应用场景。

在这样一个行业上进行颠覆性创新，本身就是一场史诗级的叙事。

从一开始，特斯拉就直接抛弃了燃油车的灵魂——内燃机，并重塑了汽车制造的内核与外包装。普通汽车身上带着将近 1500 块移动组件，需要花费 1／6 的时间来组装。但是特斯拉正在打破汽车生产的惯用规则，用一体化的设计和生产完全推翻以前车企的零件制造和再装配。马斯克把他正在改进的汽车制造工厂命名为"外星无畏舰"（Alien Dreadnought），也叫"制造机器的机器"。对于新的 Model Y，特斯拉柏林新工厂正计划用世界上最大的铝铸造机制造的单个模块，取代 70 个粘接和铆接在汽车后部车身上的部件。在软件内核上，美团CEO王兴评论道："据说一辆宝马X5里的软件代码有3亿行，一辆特斯拉只要1000万行，真是令人绝望的差距。和2008年时塞班和iOS的代码行数差别很类似。"虽然不同编程语言不同功能都可能导致代码行数产生一定差异，但1000万行和3亿行的区别，体现的是迥然不同的数字化思路设计鸿沟。同样的，销售渠道上，特斯拉直接颠覆了传统厂商的整车、分销商关系网络，搭建与C端消费者的直销网络。

从制造到产品，再到销售，特斯拉完全是一个数字化的物种。就像之前说过的，数字化的本质是标准化、流程化——这反过来又加速了特斯拉的技术迭代。

从设计之初，特斯拉就在重新定义汽车产品，将汽车变成移动数字设备，像智能手机收集数据一样用汽车收集数据，反过来再改进驾驶体验。马斯克的目标很清晰，要将汽车变成巨型移动计算机，将汽车彻底数字化。2014年10月之后，特斯拉的自动驾驶系统Autopilot硬件就默认搭载在了每一辆出厂的汽车上。这个基于汽车传感器、数据、移动互联网及其他汽车软硬件组成的系统，将路上行驶的特斯拉变成了一张巨大的数据网络，持续收集、分析数据，并在特斯拉体系内部进行优化、反馈。用于海量实时数据计算的自动驾驶芯片，特斯拉已经研发到了第四代，性能将是当前计算能力的3倍。

在这些技术数据背后，普通消费者们实实在在地觉察到汽车数字化带来的改进。汽车产品软硬件功能的修补、完善、迭代，逐渐变得可以实时进行：相比刚购车的时候，加速性能可以在几个月内提高5%；一次软件更新会新增交通锥、信号灯、车道识别能力，会改进自动雨刷不一致的问题。和这些技术迭代相匹配的，则是特斯拉在电动车领域的市场份额：三年前产能都还是问题的小个子，一跃成了站在头部的领跑者。尤其在中国上海的生产基地设立后，特斯拉在产能方面跃上了台阶。2020年上半年在全球卖出去的95万辆电动车中，特斯拉以17.9万辆的战绩，位列第一，比第二名的大众汽车多出了6%的市场份额。在今年的中国汽车市场上，每销售出去的四辆电动汽车中，就有一辆是特斯拉。

面对全新的数字时代，和毫无历史包袱的特斯拉相比，老牌燃油汽车制造巨头们的数字化之路却走得有点蹒跚。它们拥有最尖端的内燃机技术和人才，雄厚的资本和人脉，以及庞大复杂的零售网络帝国。但是就像《商业达尔文主义》一书中对大传媒企业的批评——"一个老式媒体企业已经不能通过改组达到这种程度了，它需要从零开始。记忆、专业、技术和关系已经不仅仅是帮不上忙了，它们甚至已经成了问题的症结。"[1]汽车行业也发生着同样的故事，老牌大厂以缓慢而零碎的回击策略，在应对强势入侵的新物种。

奥迪新任首席执行官马库斯·杜斯曼（Markus Duesmann）

---

1 [英]汤姆·古德温，《商业达尔文主义》，王玉译，电子工业出版社2020年版，第14页。

就说"特斯拉是电气化领域的领导者，在计算和软件架构以及自动驾驶方面，特斯拉领先两年"。在这样一个价值10万亿的巨型行业里，当全世界都明白"未来已来"的时候，两相对比，特斯拉的"新物种"属性就更彰显出了主角光环。

2020年6月，特斯拉估值超过丰田，成为世界"第一大车企"，这意味着数字化叙事已经攻破了工业时代最强的堡垒。实际上没有人知道数字化工业、数字化未来究竟是什么图景。特斯拉以工业时代的皇冠——汽车为蓝本，提供了一个数字化时代生产力的样图。这个样图究竟能否落地，其实没有那么要紧，或者最终落地的叫"特斯拉"还是《星际迷航》中的"罗慕伦"，也没有那么要紧——特斯拉的价格，承载的是关于未来生产力的想象。更何况，这是一个负利率时代。

再回到我们前面章节提到的，给股票做估值定价的戈登模型，股票价格 $P=D/(r-g)$，其中 D 为股息，r 为贴现率，g 为增长率。这个公式告诉我们，当贴现率 r 降到足够低，当增长率 g 的可能性无限大时，戈登模型的分母会是 0 甚至是负数。而当分母趋近于零时，资产的价格将趋近于无限大。这意味着，只有天空才是资产价格的上限。

叙事狂欢：来自星星的马斯克

特斯拉叙事，是我们这个时代资产价格决定性要素的叙事：关于未来生产力的想象，数字化驱动的增长分化，以及负利率的冲击。这个叙事的成功当然有时代的必然 。但人类从来都是情绪的动物，就像罗伯特·希勒说的，流行叙事大行其道的背后一定有"人情味，身份认同，或者爱国情怀"。

马斯克本身就是流行叙事：从移动支付、火箭发射，到脑机接口、火星移民，他的脑回路完全不像受到过地球引力的作用，而像是从外太空穿越回地球一样。科技狂人，美国英雄，白手起家，再加上五次离婚结婚、6个孩子的风流轶事，还加上一个同样特立独行的妈妈——他本身的故事就比任何好莱坞大片都具有话题性，这也平添了特斯拉叙事的性感之处。

Space X投资人曾经这么评论马斯克，马斯克或许不是合格上市公司的CEO，但他是真正的梦想家。马斯克开始做他的太空梦、电动汽车梦、脑机接口梦时，大多数人都觉得绝不可能。当SpaceX成为全球第一家有能力将航天员送往国际空间站的商业太空公司，当特斯拉成为一家可以量产50万辆车的真正的汽车公司，当脑机接口公司Neuralink发布会展示可穿戴设备LINK V0.9和手术机器人，并通过现场的三只小猪和实时神经元活动演示的时候，人们开始觉得马斯克是世界上能够最快速把现实贴近梦想的人。

马斯克不反感这种叙事，相反他很善用叙事的力量：疫情冲击之下，美国社会最大的伤口就是贫富差距拉大。5月1日，马斯克突然在推特上发帖，说要卖掉包括房子在内所有的实体财富——"我正在出售所有有形资产，将不再拥有房子。"不管是出于个人隐私的考虑还是他觉得把人类送上火星更重要，马斯克借此传递出强烈的个人价值观，当亿万富翁一点都不酷，他只想做个拯救人类的普通人。

疫情期间，全球经济陷入泥沼，世界一片迷惘。人们越来越期待未来的技术突破能给全球经济增长带来的推动力，数字技术成为资金涌入的重中之重。很多人也会认为，马斯克是能够把汽车领域电气化、智能化转型的梦做成现实的第一人。他是能够跳出传统规则的，甚至是直接挑战传统、权威规则的人。当比尔·盖茨认为电动汽车不适用于大型、长距离运输时，马斯克犀利回应"他（对电动车）一窍不通"。马斯克和巴菲特隔空喊话时，马斯克认为巴菲特奉为圭臬的护城河的概念很逊，是一种久远的、退化的方式。

从个人言论到行为举止，马斯克不断为他事业版图叙事提供传播的话题，这使得关于他的叙事天然自带流量和话题度。也正因为这样强烈的个人风格的加持，美国大批年轻散户甚至连基本逻辑都没厘清就直接蜂拥而上——北美25—40岁年轻人偏爱的投资平台SoFi Invest上，从2020年1月底开始，特斯拉就取代苹果成为该平台投资者持仓最高的股票。

特斯拉的估值是电力工业时代到数字工业时代一次关于生产力和增长秩序的重构，也是疫情冲击下一次叙事主义时代的狂欢。负利率、数字化、增长分化，以及马斯克的话题性，构成了这个叙事流行的核心。

消失的规模溢价和价值溢价

特斯拉不是孤例。它只是时代的一面棱镜而已。

经典的资产定价模型中，有两个著名的定价因子，规模因子和价值因子，这是美国经济学家尤金·法玛（Eugene Fama）和肯尼斯·佛伦奇（Kennethe French）在1992年通过大量实证研究总结出来的。各个时期的业界实践和学术研究大都支持：

（1）规模溢价：小市值股票（小盘股）比大市值股票（大盘股）有更高的收益率；

（2）价值溢价：高账面市值比的股票（价值股）比低账面市值比的股票（成长股）有更高的收益率。

但如果真正将数据拉长拉宽，我们会发现，其实自20世纪80年代以来，美股市场上小盘股更赚钱的这个结论很值得商榷。比如80年代，小盘股每年跑输大盘股7.2%。21世纪第一个10年，每年跑输3.9%。这样大的差距，显然不能归结于偶然。2014年至今，小盘股更是跑输大盘股一大截。具体而言，2014—2019年，代表小盘股的罗素2000指数的涨幅不到标普500指数和道琼斯指数的一半，大约只有纳斯达克指数的1/7。

A股市场老股民说起大盘股也是一肚子苦水。但如果仔细看数据，你会发现2015年是个分水岭：在此之前，代表小盘股的中证1000指数的表现明显好于代表大盘股的沪深300指数；之后几年，除了尚未结束的2020年，其他年份中证1000指数的表现都弱于沪深300指数。几年累积下来，大盘股比小盘股收益率高出58%。

不单单规模溢价消失，价值溢价也有变天的迹象：2010年之前的美股市场，价值股确实比成长股要更赚钱，而且幅度还不低，常常超过10%。但是2011年以来的这10年，价值股跑输成长股，每年跑输1.33个百分点，数字虽然不大，但因为是近期持续的现象，需要认真对待。中国A股市场的发展阶段和美国市场相比滞后很多，所以一般来说，很多规律也会有滞后性。但最近中国市场也出现了类似现象：如果我们今年年初投资同样的资金给价值股和成长股，到10月本书截稿时，成长股涨幅33.78%，价值股涨幅11.49%，相差将近3倍。[1]

关于规模溢价和价值溢价在消失的现象，学界也有所关注，对此众说纷纭。但我们不妨抛开晦涩抽象的讨论，在"特斯拉"这个具象的例子下来做些思考。

特斯拉是小盘股还是大盘股？是成长股还是价值股？

回答这个问题真的要很小心。特斯拉于2003年成立，2010年上市，上市时候企业市值17亿美元，肯定是小盘股。仅仅10年之后，尽管从产能销量来说，它仍然是小个头，但是市值已经位列全美第12，和58岁的零售巨头沃尔玛持平。现在有人说特斯拉是"小盘股"，估计会被人翻白眼。

---

[1] 涨幅数据截至2020年10月9日。按年初账面市值比，将中国A股市场上在2020年之前上市的股票分为5组，剔除ST股票、*ST股票。

一个最显著的特征是：数字化企业成长的速度在加快，规模扩张的速度更快。亚马逊做到千亿销售额花了18年，而传统企业沃尔玛花了35年。Netflix营收突破200亿美元花了22年，而迪士尼用了74年。国产品牌百雀羚1931年创立，到2012年销售额才18亿。从淘宝开店到销售破亿，三顿半咖啡用了17个月，化妆品花西子用了12个月，宿系之源只用了7个月。这就是我们在第三章和第四章讨论过的，数字化的本质是标准化，会加速规模化，同时数字技术迭代快，企业规模从"小"到"大"的速度和之前不可同日而语。此外，资本市场是对未来的估值，资金会快速涌入那些有长大潜力的企业，导致其市值长大更快，会很快被划分进"大盘股"。

之前企业生命周期是平缓的：企业长大常常伴随着增长机会下降，成长性降低，进入"价值股"行列。数字化时代中，这些市值快速变"大"的大盘股企业，其实仍然保持着高成长性。尤其考虑到数字化技术的高度偏向性，天然具有加大马太效应的倾向。特斯拉、谷歌、阿里、腾讯……这些快速长成的"大盘股"企业在技术和资金的双重加持下，不断突破其增长边界，持续高增长的态势，并"强者恒强"下去。

这个逻辑不仅仅适用于数字巨头们。几乎所有企业在数字化过程中都多少会受到这个逻辑的影响：市值快速变大并维持高成长性，所以随着数字化进程的加速，大盘股和成长股也逐渐倾向于获得更高的收益率。

当然，正因为价值股和成长股，大盘股和小盘股的区分高度依赖于市值，即资金市场的预期，所以这些讨论和中间的机制也会比较复杂。比如说，随着服务业越来越占据增长的主要部分，像研发、专利、知识产权、人力资本等无形资产创造价值的作用越来越大。但是它们通常不作为资产负债表上的资产入账，而被视作费用，所以这些公司账面价值变小，被划入"成长股"，而这些企业本来就是现在增长的主力。

另外，"企业市值"其实也会随着大环境的变化而发生变化，比如前面提到的众议院出具的反垄断调查报告中，立法者们呼吁分拆这些占据垄断地位的巨头，并且修订反垄断法：包括对科技巨头进行彻底结构分割，禁止主要互联网平台进入相邻业务线，禁止互联网平台过度偏袒自己的服务，要求占主导地位的科技企业与竞争对手兼容，允许用户传输数据，等等，这些建议都是对科技巨头的重击。如果这个法案通过，那么未来数字企业的市值扩张速度在中短期就可能受到抑制，也许小盘溢价又会短暂的回归。

总之，资本市场估值不是空穴来风，被时间检验的定价因子，不管是规模因子还是价值因子，都是一个时代生产力的体现。从特斯拉身上我们可以看到，近年来规模因子和价值因子的消失，只不过是数字时代生产力变化的一个折射而已。

2020年11月1日，社交媒体又沸腾于马斯克旗下Space X

的一封邮件，据称马斯克已经开始为火星殖民地制定法律框架，将不承认地球法律，一切争端采取自治原则。消息的真假我们无从知晓，但是真假又有什么要紧呢？在这样一个动荡的、变动的，也许正在脱离地球引力的时代，这样狂想的叙事足以掀起另外的狂欢。

特斯拉可能活下来或者死去，但是特斯拉叙事会伴随我们，在未来的资产世界里反复出现。就像奥维德在《变形记》中说的：

"一切都在变化，没有东西会消失。"

第六章

基金是白衣骑士吗？

我并不是你们想的那么完美，我承认有时也会辨不清真伪

并非我自己不愿走出迷堆，只是这一次，这一次是自己而不是谁

——王菲《执迷不悔》

钱到哪里去

"你抄底了A股，我梭哈[1]了石油，他重仓了可转债，我们都有光明的未来。"如果再加一条，"我爸投资了国际外汇平台，他妈买了P2P理财产品"——2020年，这差不多是中国城市中产的投资浮世绘。

截至2018年，中国家庭的储蓄率仍然保持在45%的高位上。"钱到哪里去？"真的是中国居民，尤其是城市中产们的灵魂拷问：放银行存定期，显然是眼睁睁看着货币购买力下降；由于资本管制，资金也不能随意进行国际配置；好城市、好地段的房子限购；贵金属这些大宗商品，看也看不懂……

从互联网金融，P2P理财，到第三方财富管理，再到各类微信荐股、直播荐股，币圈，"超高收益"的炒汇平台，等等，层出不穷的金融暴雷事件，前赴后继的"韭菜"，说到底反

1　梭哈，原为扑克游戏的一种。这里指赌博式的孤注一掷。

映的是，在一个已经拥有巨大存量的市场上，优质投资供给实
在太少。钱到哪里去？只能四处乱窜，时而会形成一股股的暗
流，即使是普通家庭也不知道什么时候就被卷入。尽管 A 股盈
利"十年不变"多遭诟病，但比起让人血本无归的一万种理财
的坑，股票投资还是相对透明，也能找到具体标的。而且不管
是讨论还是投资，门槛都不高。

截至 2020 年 7 月，中国股市开户数达到 1.7 亿，粗略估计涉
及上亿个中国家庭，说 A 股是"国民金融资产"，大概不为过。
尤其中国市场一直以来有个"同涨同跌"的现象，碰到"牛
市"，不管你投哪个行业，买什么个股，大概率是赚钱的，很容
易让普通人产生"股神"的幻觉。比如说 2007 年前 3 个季度的
牛市，市场上只有 3% 的股票亏钱，2015 年前 5 个月，下跌的股
票更是不到 1%。你如果在这期间买股票，就像掷骰子手气顺一
样，怎么投怎么有，散户很难区分是靠"运气"还是"能力"赚
到的钱。反过来，熊市里则是天下乌鸦一般黑，人们也很容易
将亏损归咎于"倒霉"或者"政策不行"。

但是 2020 年有点不太一样。6 月初到 7 月中旬，沪深 300
指数暴涨，成交金额创下 2016 年以来的新高。但是市场分化严
重，很多普通个人投资者的感觉是，市场涨了，但好像和自己
无关。数据显示情况也确实如此：前 3 个季度，沪深 300 指数上
涨 12%，创业板更是狂涨 43.2%。但 4000 多只股票中，40% 是
亏钱的。要是不小心"抄底"了 2020 年 17 只被退市的股票，那

更是血本无归了。

"掷骰子稳赢"的牛市消失。这不是偶然现象，而是在两个大背景下演进的结果：

第一，这是A股市场定价机制打破"大锅饭"的标志性事件。中国股市动辄江山一片红或者一片惨绿的现象，一直广受诟病。[1]这两年资本市场制度建设的步子迈得比较大，尤其是2020年以来，全面推行股票发行注册制，构建常态化退市制度等，都是试图让市场定价朝着"正常有效"的方向演进，让单个资产的价格能充分反映各自美丑，避免滥竽充数或者错杀无辜的情形。

第二，这是"负利率，增长分化"时代的产物。资产估值的中枢上升，但波动变大，且与绝大部分企业无关——资本市场会出现"世界越来越美好，但是越来越与我无关"的局面。

当然，即使没有这个演化路径，对大部分散户来说，在股票市场上这也压根儿不算秘密。前一阵子有篇学术论文[2]用交易所的数据做研究，发现了2016年到2019年6月这段时间A股市场的一个规律：

（1）机构盈利，散户亏损：机构投资者的平均收益为11.22%，公司账户为6.68%，散户的平均收益为-14.62%。

1　详见香帅：《香帅金融学讲义》，中信出版社2020年版，第八章第43讲"股市大盘同涨同跌背后的秘密"，第239页。

2　Charles M. Jones, Donghui Shi, Xiaoyan Zhang, Xinran Zhang, "Heterogeneity in Retail Investors: Evidence from Comprehensive Account-Level Trading and Holdings Data", 2020.

（2）盈亏度和资金规模成反比：越是小散户，亏得越多。资金量在 10 万以下的"超级小散"平均亏 20.53%，资金量在 1000 万元以上的"超高净值人群"亏损最少，平均亏 1.62%。

（3）越是市场波动，散户和机构的差异越大：2015 年的 A 股流动性危机中，股票型基金的表现都要好于个人投资者。尤其在止损能力上，股票型基金会比散户更强——2015 年股灾，有 1/4 的个人投资者出现严重亏损，而出现同级别基金亏损的只占 3.4%。

这个规律放到 2020 年更显著：截至 3 季度末，市场上所有权益类基金[1]回报的中位数达到 27%，远远高于同期上证综指 5.5% 和沪深 300 指数 12.0% 的涨幅。

我们虽然经常抱怨中国机构投资者"散户化"，但数据显示"专业化溢价"还是存在的。尤其站在 2020 年这样一个市场高波动、高分化的风口上，基金可能不得不成为未来城市中产的标配之一。

经过 2020 年史无前例的"量化宽松"后，在很长一段时期内：全球利率下行趋势加快，且不可逆；随着中美大国角力局面的形成，全球政治格局博弈进入紧张阶段；国内则基本完成城镇化，以制造业为主的工业社会向服务型社会转型，导致固定资本投资项目减少——从资产配置的角度来说，所有这些"宏观大词"都指向一个事实：未来相对安全的"高回报率"资

1　权益类基金指多数仓位都投资于股票的基金，包括股票型基金、部分混合型基金等。

产越来越稀缺，可供老百姓选择的增值保值流动性资产变得更少。

站在全社会资产负债表的角度看，储蓄等于投资。所以，怎么高效地引导居民储蓄，做更优的资金配置，促进增长，转型成高收入国家，是宏观金融政策考虑的重中之重。

这方面美国和日本提供了两种金融模式。美国是证券化思路：企业发展依赖债券、股权等直接融资市场，尤其包括风投、创投以及上市、并购等各种退出机制在内的多层次股权市场，这对于刺激美国企业的创新能力起到了决定性的作用。日本则是传统银行思路：银行和大企业集团交叉持股，形成株式会社这种庞大的多元化财团体制。稳健经营的银行资金更倾向于现金流稳定的大企业。精益求精、精雕细琢成为日本产业升级的特色，但"精细"的另一面是缺乏破坏式创新的意识，比如说，我们很难想象像马斯克Space X 这样颠覆式的项目能在日本式的金融体系内长出来。

金融体系牵一发而动全身，牵涉的利益面错综复杂，是理论上的"改革深水区"。过去几年我国的策略也是谨而慎之地摸着石头过河。但从2018年开始，事情有了变化：中美摩擦从贸易蔓延到外交、科技等各个领域，大国角力的格局已成定局。这个过程中，一方面中国完整的制造业产业链显示了极强的韧性，但另一方面尖端科技和创新企业上的短板也赤裸裸地暴露了出来。短板肯定要补，怎么补？要激励企业颠覆式创新，攻坚尖端科技，美国式的金融体系明显具有更强生命力。在这个大背景下，"建设以股权投资为核心的直接融资市场"成为中国金融体系改革的一个最主要命题。

2020年，金融市场改革明显加速：首先是注册制快速推进，要打破上市之后进"养老院""保险箱"的现状，让企业被市场选择，同时也让初创企业能有更自由的退出通道。其次，加快和注册制配套的法律制度建设，比如推动完善资本市场违法犯罪法律责任制度体系，严厉查处欺诈发行、财务造假、内幕交易、操纵市场等恶性违法犯罪案件，进一步强化分类和差异化理念，全面净化市场生态，建设诚信守法资本市场等。除了这些具体举措之外，改革力度从各级领导的态度和措辞中也可见一斑：在2020年6月上海陆家嘴论坛上，刘鹤副总理提出"建制度、不干预、零容忍"的原则；央行行长易纲介绍，金融体系将极大程度地为企业让利；银保监会主席郭树清指出，银保监会将推出多项举措支持资本市场发展；证监会主席易会满也表示将坚定推进市场化改革，尊重市场的规律，不做行政干预，更好地保护和提升投资者的活跃度等。所有的动作都指向"推进股权市场做大做强"这个诉求。从这个意义上来说，2020年7月股市的上涨，是市场对这个改革方向的反应。从宏观和长期的角度来说，这无疑是正确的一步。但是对于普通股民来说，这也意味着我们面对的投资标的不确定性加强，"核准制"所代表的国家信用背书和溢价在逐渐消失。当我们说"有效市场，优胜劣汰"的时候,其实也意味着"选择"。2020年以来股市的分化已经证明了这一点。

有时候真的会切实感受到,人类社会是"内生演进"的,各种复杂的社会现象之间总是有着千丝万缕的联系:一个普通的投资者怎么会想到,自己那微不足道的几万、几十万的投资损益,会是中美博弈影响的结果。

美国共同基金往事

如果注定要成为时代的价格承受者,那么普通人如我们只能学会选择。怎么选择呢?

一个值得研究的例子是美国居民资产配置的变化。2018年美国居民的资产总规模是120万亿美元:股票和基金、房地产、保险和养老金是居民资产配置的三大去向,其中股票和基金投资以32.2%的占比位居首位。这个配置比例和我国区别很大,我国居民资产中,房产配置比例超高(70%以上),而股票基金配置比例超低(10%以下)。

但实际上美国的居民资产配置结构经历过从地产到金融资产,尤其是股权资产的转变。20世纪70到80年代,美国居民新增的资产配置中,房地产的比例大约是32%,之后这个数字持续下降,到21世纪第一个10年,降到20.9%左右,下降了近1/3。与此同时,金融资产比例显著上升。2000年之后,股票基金已经占到居民资产配置35%的水平。不要认为这只是一个数字，股权市场是企业和投资人"风险共担、利益共享"的市场。35%的配置比例相当于42万亿美元，即每个美国家庭平均持有50万美元的企业股权[1]——这意味着这个国家的企业成长和居民财富之间有了一条直接纽带，居民得以分享企业的增长成果。但问题在于，股票毕竟是风险投资，稍不留神，家庭财富的稳定性容易受到影响。而且普通家庭经常会面临大大小小的流动性冲击，很难让资金在长达数十年里沉淀在一个项目上，所以以散户和个股投资为主体的市场既不利于居民家庭财富的稳健增长，也不利于企业的长期持续稳定发展。

那什么是解决之道呢？具有分散化、专业化特征的基金。

从20世纪60年代的股票型基金，70年代的货币基金，到80、90年代以后的对冲基金、私募股权基金……专业化基金取代散户成为美国资管市场的绝对主力。这在一定程度上解决了居民储蓄和企业项目期限错配的问题，居民资产投资的风险也得以分散，算是双赢。2019年，近一半的美国家庭投资在各种类型的基金产品上。过去几十年的美国增长主要是美国企业的增长——想想看我们身边的"美国产品"，从耐克、可口可乐、麦当劳、星巴克、宝洁、迪士尼，到微软、苹果、亚马逊，这些增长都直接呈现在企业的利润和股价上，普通美国家庭借此也分享到了"美国增长"的红利。

1　2018年美国居民的资产总规模是120万亿美元，其中股票基金已经占居民资产的35%，即42万亿美元。以美国8300万个家庭来计算，平均每个家庭持有的股票和基金价值为50.60万美元。

　　但很多种类的基金产品其实门槛不低，而且风险也较高，比如美国的对冲基金投资门槛一般在 50 万美元以上，更适合高净值（净资产在 100 万美元以上），具有相当风险承受力的人群。对于普通的，尤其是中等或者中低收入的美国家庭来说，共同基金是更加普遍的投资方式——51% 投资共同基金的家庭的收入都低于 10 万美元。

　　这里面有个历史背景。美国是低储蓄国家，居民储蓄率大约是 7.3%，尤其是中低收入家庭，存量资产很小，参与金融投资市场比较困难。就像第二章所说，在过去几十年资本收益率远远大于劳动收入增长的情况下，这些家庭被分化得非常严重。他们能参与投资共同基金主要是因为 20 世纪 60—70 年代的退休养老计划改革。从 1962 年起，美国政府就制定了一系列法律来帮助建设美国的退休养老体系，我们熟知的"401(K) 退休计划""界定供款计划"（DC），以及"自雇者个人退休计划"（IRA）都是该体系的典型代表。

　　以美国最大的补充养老保险计划 401（K）计划（类似于中国的企业年金）为例，该计划约定雇员每月从工资中划拨一定比例的资金到养老金账户，同时雇主也会向账户中缴纳部分费用，账户资金全部归雇员个人所有，再加上国家对企业在划拨和投资环节实施免税，员工退休时可采取多种方式领取等政策优惠，它让绝大部分雇员都拥有了自己的养老金账户。从 1974年开始，养老金大规模入市，主要投资渠道就是共同基金。从这个意义上说，正是这种"小份额"和"分散化"的共同基金产品，才让处在财富金字塔底部的居民多少有机会分享到了美国增长的红利。

2020 年是我国基金业的拐点

2020 年中国基金市场在发行数额和结构方面的特征也表明中国发展股权资本市场的诉求：前 3 季度成立 1123 只新基金，募资突破 2 万亿大关，而 2015 年"疯牛"行情中的募资金额也不过 1.4 万亿元。更重要的是，这 2 万亿新增资金中，股票型和混合型基金占全部发行总规模的 60%，这意味着未来几年中国基金业版图的一次结构性变迁：货币基金占据半壁江山的时代逐渐隐退，权益类基金开始逐渐担纲主角。

从 2013 年 6 月余额宝推出之后，货币基金就势如破竹。过去 7 年，货币基金几乎一直占据着公募基金的半壁江山。货币基金一支独大的局面有很多原因。

首先，2013 年的宏观环境给了货币基金一个开门红的基础。"钱荒"是 2013 年银行业的头号热词。当年年中因为各种宏观因素，市场流动性告急，银行间市场拆借利率一度暴涨到 13.44%。作为银行间货币市场的大玩家，货币基金的收益率也水涨船高，7 天年化收益率一度超过 6%——一个几乎和现金具有同等流动性，但是比活期存款利率高出几十倍的金融产品自然吸引了大量的中国储户。[1]此后，各大银行也迫于余额宝的压力纷纷开始推出各种宝宝类产品，货币基金迅速成为市场热点。

其次，权益类基金自己也不争气。由于上市发行制度、定价机制、公司治理不完善，投资者保护不到位等种种制度性原因，A股市场一直没能成为"中国经济的晴雨表"，上市公司质量良莠不齐，套利、炒作、买壳卖壳等行为层出不穷，导致股票市场在中国一直背着"韭菜收割机"的恶名。尽管最近几年这些情况在改善中，但冰冻三尺非一日之寒，市场培育需要时间——A股市场上优质上市企业的稀缺导致了股权基金的"巧妇难为无米之炊"。何况中国基金业本身也存在很多问题，比如"基金赚钱、投资者亏钱"的顽疾普遍存在，募集投资管理能力较低、组合投资单一化等问题突出，资管业务去通道、降杠杆的压力依然存在等，使得市场对从业者的专业度信心不足，问题此消彼长，导致货币基金长期一枝独秀。

但是2020年基金业在结构上的"拐弯"比较猛：一方面发行万亿体量的权益类基金本身就带有较强的政策引导性。以中国市场对政策的反应灵敏度，会做出积极反应。另一方面，随着宏观基本面的变化也使得货币基金的巅峰期已过。货币基金

1　2013年，我国外汇占款环比骤降，加上年中财政存款集中存缴压力，银行间市场资金本来偏紧。央行6月并没有如期通过逆回购注入流动性，市场资金流动性急缺。除了这些宏观因素之外，6月上旬，光大银行对兴业银行的违约门事件产生的蝴蝶效应，进一步强化了市场对资金紧缺的猜测和预期。再叠加6月底之前，银监会针对影子银行业务进行检查，迫使银行将表外非标资产转移至表内同业资产，直接挤压同业拆借额度。各种因素都对金融市场的流动性产生了一定的收缩压力，致使大型商业银行也加入借钱大军，隔夜头寸拆借利率一下飙升578个基点，达到13.44%。坊间俗称其为"2013年钱荒事件"。

的收益率取决于银行间市场利率。[1]2020年新冠疫情之后，全球大放水，量化宽松政策在一两年内无法完全退出，利率下行的趋势不会扭转，中国也不例外。此外中国经济也从高增长的区域回落到中等（中高）增速的区域，资金抢项目会取代之前项目争资金的局面。尽管短期央行资金面还可能松松紧紧，影响到银行间市场利率的起落，但是那种较长时间段处于高位的情况不会再来。货币基金规模的增速会低于权益类基金。

往大里说，这个弯能不能拐好，是牵涉到中国经济转型能否成功的关键命题之一。诺奖得主约翰·希克斯（John Hicks）说，"工业革命不得不等待一场金融革命"。这句话背后的深刻含义是，任何产业升级都需要一个适配的金融体系。中国著名经济学家林毅夫教授也曾经对经济的"结构适配"有过深刻的阐述。[2]中国所面临的产业升级包括两个维度：一是制造业的智能化转型，其中高科技领域核心技术的突破、产品附加值的提升是关键。而像集成电路、生物医药、人工智能这些行业都是资金密集型的高风险行业，如果缺乏大规模权益类资金的投入，升级几乎是不现实的。一言以蔽之，搞科技，有资金不一定行，没有资金一定不行。二是服务业升级，其中教育、创意、文化，甚至市政服务等这些高技能人力资本密集的行业，都是市场的

1　关于货币基金收益率问题请参考香帅：《香帅金融学讲义》，中信出版社2020年版，第二章第11讲，第51页。

2　林毅夫：《新结构经济学——重构发展经济学的框架》，世界银行发展经济学部第四次资深经济学家研讨会报告，2009年。

"慢变量"，需要经过收入逐步上升、社会观念逐渐转型等更长时间的培育。

无论是哪个维度的产业升级，都要求资金的长期主义和价值发现功能。换句话说，一个高度专业化的多层次的权益类资本市场，是与下个阶段中国产业升级适配的金融结构。基金业能否做大规模，转变资金配置结构，提高资金使用效率，既对国家经济升级转型具有重大影响，又关乎居民是否能分享国家和企业增长的红利，实现财富的增值保值。

基金就像一个经济适用男？

2019年，美国金融业监管局（Finra）投资者教育基金会做了一个很有意思的调研，发现越是富有的投资者，越倾向于参与更多的基金投资。比如投资额小于5万美元的账户中，绝大多数人选择投资股票，但是那些金额高于25万美元的投资账户中，更多人会选择投资基金。无独有偶，不同语言、不同文化、不同储蓄和消费习惯的中国也有类似的趋势，2017招商银行贝恩公司联合发布的《中国私人财富报告》发现，中国可投资资产超过1000万元的高净值人群，在基金上的配置比例高达63.3%，在股票和债券上的配置比例分别为30.6%和6.1%。那普通的中国居民呢？他们更喜欢买股票，在股票上的配置比例高达83%，基金则只有17%。

很明显，高净值人群相信专业人士比相信自己更多。

为了进一步探究富裕人群偏好专业理财的原因，Finra投资者教育基金会继续调查挖掘后发现，财富水平和金融知识成正比。比如，5万美元以下的投资者，10道题目平均答对4.2道，答错3.7道。但25万美元以上的投资者中，10道题目中平均答对5.3道，答错2.8道，表现显著好于前者。到底是金融知识水平高所以财富多，还是因为财富多而金融水平高，这就像鸡生蛋、蛋生鸡一样无法辨别。但是有一点可以确认，财富水平和自我认知之间联系紧密。财富越多的人，越会像苏格拉底一样——"我知道我不知道"。

同时，财富水平越高，也越追求资产的安全性。稍微关注一下大部分富豪们的投资布局，就会发现"收益长期稳定的资产"是首选，巴菲特钟爱现金牛企业（如可口可乐，喜诗糖果等），李嘉诚的主要投资则是港口码头、电力能源、天然气、水务、移动通信、房地产等长期稳定性极高的行业。《21世纪经济报道》2019年发布的《家族信托调研报告》就显示，高净值人群的财富管理需求逐渐从"创富"转变为"守富""传富"，相比于高收益，稳健才是他们最看重的投资要素。

而股票市场的投资像谈恋爱，买个股则类似盲选，你不知道遇到的是渣男还是高富帅；但买基金的时候，邂逅一个经济适用男的概率更大。

这句话是什么意思呢？就是说个股的表现呈现出"极化"

的趋势，千差万别，而基金表现相对中庸，不温不火。我们搜集了2006年年初到2019年年末的3954只基金与4010只股票的年度收益率数据，按照历年表现对它们进行排序，分别比较了前1%、前10%、前30%、前50%以及后10%的股票和基金的收益率。

如下表6-1所示，这十多年间的任意一年，前1%的股票表现远远优于前1%的基金，平均高出244%。这个很正常，像茅台从2010年到2020年，10年间跑出了超过1000%的收益率；再比如腾讯，如果10年前买入，经过2014年的股票拆细（1股拆分5股），到2020年，财富也翻了上百倍。这意味着，如果我们有能力选中最好的个股，确实比买基金强。

但如果看后10%的股票和基金，我们就会发现，基金的"渣"比个股温和多了。2006年年初到2019年年末，后10%的股票的平均年化回报率为-43.1%，而后10%的基金的年化回报率为-24.9%——虽然说都亏钱，但是亏1/4和一半还是相差甚多。要是不幸买到了像瑞幸咖啡、康得新这种因为财务造假被强制退市的企业的股票，那真的是遇上了渣男中的渣男，身心俱疲。

在大部分年份中，前50%的基金表现得也比前50%的股票要好。如果翻看2020年的数据，这个对比更加显著。截至2020年3季度末，A股的4040只股票中，58%的股票（2355只）是上涨的，其余42%的股票是下跌的。但是3926只权益型基金中，3705只基金上涨，占比94.3%。换句话说，如果你2020年投资股票，赚钱的概率大约是50%，而如果投资的是基金，赚钱的概率能达到90%。

表6-1 不同分位数下所对应的股票与基金收益率

年度	Top1%		Top 10%		Top 30%		Top 50%		Bottom 10%	
	股票	基金	股票	基金	股票	基金	股票	基金	股票	基金
2006	397.2	175.2	201	151.6	103.2	127	68.5	114.8	11.9	81.8
2007	643.1	188.4	342.8	145.2	222.7	127.3	161.7	117.2	39.6	92.4
2008	22.7	−26.9	−31.8	−40.5	−53	−45.9	−61.2	−49.2	−75.1	−56.8
2009	448.5	105	242.9	85.3	163	74.3	124.9	65.2	38.5	43
2010	178.2	24.8	63.4	17.6	23.3	7.1	3.1	3	−28	−7.2
2011	35.2	−9.5	−1.2	−16.2	−23.1	−20.5	−33.1	−23.7	−50.5	−30.9
2012	103.7	20.7	38.7	12.8	9.8	8	−2.6	4.5	−26	−2.9
2013	237.8	52.7	87.6	32.5	39	20.9	16.7	14.1	−21.7	0.5
2014	231.2	62.4	105.2	44.7	59.5	30.8	37.7	22.7	−0.2	6.6
2015	509.5	123.3	203.3	74.6	104.7	57.5	66.3	43.7	2	15.9
2016	359.8	10.5	45.9	2.5	0.5	−6.7	−12.3	−13.1	−35.6	−27.1
2017	291.7	51.3	64.9	30.8	2.1	17.6	−16.7	10.5	−44.1	−2.3
2018	67.1	6.1	−4.2	1.9	−24.1	−10.4	−33.4	−19.2	−53.7	−31.1
2019	227.8	85.6	77.5	62.5	34.5	47.7	15.7	37	−14.5	10.1
2006-2019年化平均	359.1	115.1	129	55.7	38.7	27.5	4.4	9.21	−43.1	−24.9

我们还进一步做了统计处理，结果显示，基金表现的均值更大，方差更小，四分位差更小；股票收益率的均值更小，方

差更大，分布上也相对右偏。这句话的意思是，如果把基金和股票分别想象为两个班级同学的考试分数的话，那基金班级同学们的整体成绩更好（均值更大），同学们之间的差异也比较小，即每个同学的分数与平均分之间的差异较小（方差更小），班上排名前 1/4 的和班上排名后 3/4 的同学的分数差异也小（四分位差更小）。而股票班级同学们考试分数的平均值更低（均值更小），每一位同学的分数与平均分之间的差异很大（方差更大），并且由于存在几个考分非常高的学生，一下子把班级的平均分拉得很高，远远高于班上中等生的考试分数（分布相对右偏）。换句话说，基金班同学成绩普遍好，差生也不是特别差。股票班就靠几个学霸撑着，但是整体水平不行。

这些数据说明从收益率角度看，股票更倾向于极化，而基金更平均化。弄明白基金投资和个股投资的收益率特征后，回头再想高净值人群的投资偏好就不再奇怪了。

要赢得竞技体育的关键是什么？答案是"少犯错误"。比如说网球比赛的顶尖高手对决，决定胜负的常常是谁的"非受迫性失误（unforced error）"更少。换句话说，输得少才能活得久——这条原则被很多投资大师视为金科玉律。小资金希望"富贵险中求"，大资金则需要"活得久"。随着财富水平的上升，高净值人群对资产安全性、稳定性的需求更大，所以随着投资金额越大，投资倾向会越来越从个股转向基金。

中国公募基金为大家赚到钱了吗？

尽管知道基金是更安全稳定的投资模式，但一句"买基金"并不太解决投资者的问题。基金品种繁多，门槛不一，也不是想买就能买。

比如说"私募基金"就是不能公开发行，是只能向合格的投资者发行的产品。什么叫"合格投资者"呢？一般需要有300万的金融资产或者最近3年年均收入不低于50万元——很多口径的估算都认为，2018年以来中国家庭平均的金融资产为100多万，大部分是房产，股票和基金大约占10%，也就是10多万的水平。这个门槛对于普通人来说确实太高，因此私募基金不能算"普适性"的金融投资品。而公募基金是公开发行的，门槛也低，比如沪深300指数基金，投资门槛只有10元、100元，对投资者的身份几乎没有要求，年满18周岁的人都可以买。在普通中国居民家庭（富豪除外）的财富配置中，还是公募的身影更为常见。

既然号称"专业化"投资，中国公募基金到底替投资者赚钱了吗？2018年中国证券基金业协会发布的《公募基金成立20年专题报告》告诉我们，在1998年到2017年的19年中：

（1）权益类基金年化收益率为16.18%，超出同期上证综指平均涨幅8.50%，跑赢上证综指1倍。

（2）债券型基金平均年化收益率为7.64%，超出现行3年期银行定期存款基准利率 1 倍多。

（3）公募基金累计向持有人分红达 1.66 万亿元。

看起来公募基金表现非常亮眼，投资者是否直接买公募基金就可以了？我们试图让更多的数据说话，对 2006 年年初到 2019 年年末，所有成立时间大于 1 年的基金的收益率情况做了分析研究。数据显示了两个很显著的特点：

第一，和指数投资相比，过去十多年偏股型基金在获得"超额回报"上还是显示了一定的专业优势。

从绝对收益率来看：偏股型基金这些年的平均年化收益率为 16.8%，债券型基金的平均年化收益率为 8.7%。这一结果与基金业协会公布的数据基本一致，相当于你 2006 年投资 1 万元在公募基金上，到 2019 年年末，这笔投资变成了 8.62 万元，14 年的时间内翻了三番。

但是且慢，这里用的是平均数。我们知道，财富和收入这些东西最怕"被平均"。如果说我和马化腾的平均财富为 190 亿美元，这个数值对我毫无意义。我们需要知道的是，一个普通人投资基金大概率会获得什么回报。如果看基金收益率的中位数，2006—2019 年，偏股型基金年化回报率的中位数为 15.1%，和平均值相差不大，这也表明基金收益率的分布比较对称，不存在非常极端的情况。

但是又且慢，基金的相对业绩表现评价和业绩基准的选择密切相关。以偏股型基金为例，如果选择以"上证综指"作为业绩基准，2002年到2019年间，基金对上证综指的超额收益率达到年化9.2%，成绩耀眼。

不过说到这里，应该已经证明中国基金业在投资收益上的"专业能力"了吧？但是又且慢，要注意一件事：2020年7月，上交所修改设立"新上证综指"，原因是老的上证综指包含了上海证券交易所全部上市的股票，并且采用了市值加权平均的计算方式。所以市值越大的股票，权重就越大，导致大盘股的涨跌直接决定了指数的涨跌，而其他中小盘股票，即使涨跌幅再大，对指数的影响也很小。所以过去这些年即使不断有中小盘股票创下新高，但上证综指的变化却不大，始终都徘徊在3000点上下——如果用上证综指来作为基准，就可能导致业绩失真。[1]

为纠正这个问题，我们重新选择了三个指数作为比较基准，代表大盘股的沪深300指数、代表中盘股的中证500指数，以及代表全部股票且考虑分红收益的A股全收益指数。从2006年到2019年年末，偏股型基金对比这三个比较基准的超额收益率分别为5.1%，2.5%和2.9%——换了基准后，基金的超额收益率缩水了一些。如果看中证500指数，再考虑到主动型管理基金1.7%的管理费，偏股型基金替投资者创造的价值就比较有限了——这说明什么呢？说明这些年基金超额收益的来源主要来自对中小盘股的持有。

---

1 2020年7月，上交所修改设立"新上证综指"。与老的上证综指相比，新的综指剔除了被风险警示的股票，延迟了新股纳入指数的时间，增加了指数成分等。

第二，基金是相对"求稳"的投资方法，对抗市场下行风险的能力比较强。

就像前面说到的，基金是一个"反极化"的投资品，所以它们的相对表现在不同市场环境中会大相径庭。比如说，在牛市（如2007年和2014年）或者市场大幅反弹的时期（如2009年），基金表现可能逊于大盘。这背后的原因是，在牛市和大幅反弹时期，股票往往表现出"普涨"态势，单只股票的回报由整个市场的走势所主宰，股价的信息含量非常少，单只股票的优胜劣汰不能得到很好的体现。这时候基金经理挖掘个股收益率的能力受到了很大的限制，因此可能会跑不赢大盘。学术研究中也的确发现了这样的结论，学者们发现只有在高特质波动率股票[1]中，基金经理的选股能力更突出。

当市场大跌的时候，基金就会表现出较好的风险控制能力。比如2008年，上证指数大跌65%，而基金的平均跌幅控制在50%以内。2015年，在杠杆牛之后，股票市场暴跌，全年沪深300指数仅上涨5.58%，但偏股型基金较好地保住了前期市场上涨的成果，全年的平均涨幅达到52%。基金经理在熊市中表现相对较好是由于，虽然熊市中市场整体的趋势性很强，但个股的特质性风险也同样重要（烂股票跌得更狠），这时候基金经理的选股、风险管理等专业化能力就会体现出来，基金的表现就

---

1 单只股票的风险可以拆分为市场波动风险和特质率波动风险，前者是能够通过分散化投资抵消掉的部分，后者是无法通过市场分散化投资对冲掉的部分。

强于大盘。

不过，之前说过，A股市场一直是"同跌同涨"，尤其碰到牛熊市，大家一锅涨或者一锅跌，资产价格的"优胜劣汰"体现得不够明显。尤其在牛市中，基金的"专业化"缺乏用武之地。但是当市场分化之后，"选择"的重要性就会凸显。2020年前3季度，沪深300指数上涨12%，同期权益型基金涨幅的中位数为27.2%。基金明显优于指数。如果进一步拆开来看，股票资产涨跌的分化程度要远远高于基金。换句话说，越是分化的年代，基金的反极化就体现得越明显，基金经理的专业化能力就越重要。

从目前的数据来看，中国主动型基金的表现还是比较亮眼的。这和美国市场的情况颇有不同。2007年10月，巴菲特与资产管理公司Protege Partners LLC的一名创始人在美国的Long Bet网站上设下赌注为100万美元的赌局，巴菲特押注10年后（2008—2017年）标普500指数的表现将超过诸多对冲基金。这个赌局最终的结果是，标普500指数在2008年到2017年总共上涨125.8%，每年平均涨幅8.5%。而对冲基金FOF中表现最好的总收益才87%，年均涨幅6.5%。表现最差的总收益只有可怜的21.7%，年均收益率2%。巴菲特大获全胜。

为什么中美主动型基金的相对表现会存在差异呢？ 主要有两点原因：第一，市场成熟度不同。由于美股市场成熟度较高、市场有效性更强、信息更为透明，主动型基金想要凭借公开市场数据获取超额收益相对较难。但是在国内 A 股市场，主动型基金还是有一定优势的，市场成熟度低、竞争不充分、信息不对称问题严重，机构投资者相较散户而言更具信息优势，因此主动型基金战胜指数基金也相对容易。第二，投资者结构不同。在美国，投资者以机构为主，基金跑不赢市场指数很正常，因为它们就是市场本身，更不用说还有费用损耗；在中国的情况正好相反，基金整体跑赢市场，因为它们的主要对手是散户。市场的参与者组成不同，也导致了中美基金之间的这种差异。

回首金融危机之后的近十年，中国房地产的投资回报率高于金融资产。如果你在过去十年买了房子，其回报率远远超过大部分投资股票的人。但是房价已经涨了十多年，并且在国家严格调控的背景下，未来十年房地产领域的投资机会呈现出高度分化，早已过了买啥都涨的时代。而且在国家大力引导资金分流到资本市场的大背景下，未来十年更多的投资机会会体现在股票和债券上。通过我们前面的分析，基金的表现还是要略强于股市、优于债市的。尤其在 2020 年之后，分化时代下，基金的专业化能力会进一步凸显。

长大以后

从市场演进的角度看，中国股市"基金化"是个趋势，2020 年可能是这个趋势的拐点。中国基金业，尤其是偏股型基金的规模会快速成长。

但是市场长大也有长大的烦恼。美国基金业就有过这样的经历：

主动型基金曾经是投资者购买基金的默认选择，但是这一情况从1970年开始发生了变化。1970年，美国第一只被动型投资基金先锋指数信托（Vanguard Index Trust）问世。随着被动型投资基金的发展壮大，学者们对于主动型基金能否战胜被动型基金，创造超额收益展开了激烈的讨论。2000年以后，学者们基本形成共识：大部分主动型基金与被动型指数基金投资的表现持平，而且能够超越大盘的基金占比随着时间的推移逐渐减少。如在1990年时，还有14.4%的基金能够显著地超过大盘，到了2006年后，能获得超额收益的主动型基金就只剩下0.6%。这个共识也反映在美国投资者的选择上——越来越多的资金从主动型基金撤出去投资被动型基金，截至2019年8月，美国追踪指数的被动型基金规模上升到了4.271万亿美元，超过主动型基金。

美国市场主动型基金的业绩越来越不"主动"的原因众说纷纭，但其中一个不能忽视的原因就是"规模"。巴菲特老爷子就说"导致投资趋向平庸的罪魁祸首是资产规模"。老爷子的伯克希尔·哈撒韦公司在50—60年代时，用不足1000万美元的流通市值获得了高于60%的年回报率。但是到了90年代后（1997年），老爷子自己说，按照现在的规模（总资产640亿美元），能够超过市场3%都是他梦寐以求的事情了。他说，"现在和过去的业绩差异75%以上都是由规模导致的"。实际上，规模越大的基金，要获得超额收益越难。

为什么基金收益率会随着规模而下降呢？我们认为有两个最主要的原因：第一，可选投资范围缩小和投资难度加大；第二，交易成本增加。

首先是资金量大了，可选标的就少了。一般而言要获得超额收益，需要集中配置。市场中好的投资标的其实有限，如果基金规模只有50亿元，找30—40只股票就可以进行配置，还比较有可能获得超额收益。而规模做到百亿元后，就得找50只、100只甚至更多股票来进行配置，这会大大增加基金经理择股的难度。此外，限于投资分散化的考虑和监管要求，大规模基金无法重仓一些小市值股票，因为即使买很小的份额，都有可能超过股票持股市值的限制。

其次，交易规模越大，佣金、印花税、市场冲击、机会成本等交易成本越高。其中，佣金、印花税都是比较显性的交易成本，交易得越多，发生的费用越大。但除此之外，大规模交易还会伴随着很高的隐性成本，比如说当大规模基金看好一组股票的时候，必须花很长时间才能实现自己的建仓目的。如果急于建仓，短时期大规模的买入肯定会抬高股价，拉高建仓成本。同样，如果大规模基金急于抛售一组股票，等于自己在打压股价，卖出的价格会比较低。也就是说，大规模基金的交易操作会引发更大的市场冲击。相反，对于很多小规模基金而言，由于盘子较小，买卖交易量比较少，冲击成本就会很低。美国一项学术研究发现，大规模基金每笔交易引发0.94%的交易成本，小规模基金每笔交易的交易成本仅占0.56%。此外，由于开放式基金的持有人可以随时申购和赎回，频繁的申购和赎回让基金资产处于不稳定状态，大规模资金的频繁进出也会增大基金操作的交易成本。假如我们把开放式基金想象成一艘在大海中航行的船，基金经理是船长，持有人是乘客，一部分乘客频繁上船和下船，就会干扰整个船的航行——不仅会导致航行时断时续，还会给还在船上的乘客造成冲击，这也就是所谓的船大难掉头。

一个好消息是，截至2020年，中国基金业这种"长大以后"的烦恼还不严重。我国权益类基金的规模较小，2019年年末，在3306只权益类基金中，基金规模的平均数为6.66亿元，中位数为1.66亿元，规模超过百亿的基金数量仅有22只，和百亿以下基金进行比较的话，收益上并没有显著差异。

但是成长的烦恼在单个基金上已经初露端倪。2019年，基金经理刘格菘创了一个纪录：其管理的三只基金包揽当年权益类基金的业绩前三名。[1] 这样亮眼的表现吸引了大量资金的追随。截至2020年3季度末，刘格菘旗下管理7只基金，总规模达到843亿，比2019年管理的199亿翻了两番。2020年前3季度，刘

1　刘格菘管理的三只基金分别是广发双擎升级、广发创新升级、广发多元新兴，分别以121.69%、110.37%、106.58%的回报，位列权益类产品收益榜前三位。

格菘管理的基金业绩平均排名在业内前30%左右，发生了明显下滑。这个下滑可能就是"长大以后"的烦恼。800亿的资金规模确实会面临选择面变窄的问题。更重要的是，刘格菘偏好科技创新的成长股，而这些股票普遍盘子较小，大资金量投下去多少会产生一些价格冲击，拉高了交易成本。

基金选择中的幻觉

尽管和股票相比，基金是收益更稳健的金融投资品，但是拉长时间来看，好基金和差基金之间的收益差异也有天壤之别。2019年全年，我国收益前10%的基金涨幅超过62%，而排名后10%的基金，收益率仅有9.96%，收益率相差了6倍之多。最前面的1%和最末尾的1%的基金收益率更是相差超过30倍，[1]判若云泥。这意味着基金选择也不像"投掷飞镖"那么随意。我们没有水晶球，不能预测哪只股票和基金会获得最大的收益，但是可以看看基金投资中可能常常碰到的选择——如果投资是场"输家的游戏"，那么少犯错的人就能活下来。

比如说，在基金投资上的"冠军情节""得奖崇拜""追爆款"等几种常见的选择依据，就常常伴随着巨大的幻觉。

人类在选择上的一个天然倾向是"冠军情结"——高考状元，奥运金牌得主……"第一"得到的关注永远最多。从理论上说这并不奇怪，人类的注意力是稀缺资源，不自觉会将有限的

1 　最前面的1%收益率为83.47%，最末尾的1%收益率为2.55%，前者是后者的32.73倍。

注意力放在最吸引眼球的事情上。基金投资上的冠军情结同样严重：当很多基金为募资犯愁的时候，冠军基金经理麾下的基金都受到疯狂的认购，上市就被秒杀，甚至不得不采取"限额"的方法。那冠军基金们的后续表现如何呢？三个字可以概况："伤仲永"。

从2006年到2017年，每年的公募基金冠军在后续年份的表现相当不稳定。2006年的冠军基金（景顺长城内需增长）后面两年的收益率排名分别下滑到71%和82%。这12年间共11只冠军基金，有6只在后续3年业绩大滑坡，滑到"后进生"（后50%）的行列。其余的4只基金表现也差强人意，得冠后3年的平均排名仅维持中流水平。只有2007和2009年的冠军（华夏大盘精选），也就是明星基金经理王亚伟旗下的基金，在得冠后3年内业绩能保持在前20%。

2015年的冠军易方达新兴成长基金是"冠军诅咒"的典型。这只基金当年以171.78%的收益率登顶冠军宝座，35岁的基金经理风光一时无二。结果到了2016年，这只基金以-39.86%的亏损在同类基金中排名倒数第四，遭遇巨大滑铁卢。2018年则在5933只同类产品中排第5680位，排名几乎再次垫底（排名在后4%）。

冠军基金业绩巨大滑坡的背后，主要是两个原因：

第一是基金经理操作问题。以2015年的冠军基金为例，这只基金业绩主要来自当年创业板的"结构性"行情——创业板指数从2015年9月末到年底涨幅高达30%多，这只基金的业绩也水涨船高。但是到了2016年，大小盘风格切换，创业板指数暴跌，但基金经理没有及时进行板块调整，很多重仓股一泻千里，基金业绩也跟着跌落悬崖。

第二是基金业绩可能包含水分。冠军的风光人人爱，而且会受到资金追捧，所以基金经理们也会想各种办法提高排名，比如说"抬轿子"——如果某家基金公司旗下有好几只基金，其中一只基金先买入一些股票，然后其他基金再持续买入这些股票，推高股价，最先布局的那只基金的业绩很快就上去了。为了"培育"一只冠军基金，就很有可能"牺牲"另一只基金，让后者与前者保驾护航，务必送其"进决赛"。但是这种玩法不可持续，一旦抬轿子的资金撤离，或者被监管部门发现，昔日里的冠军基金净值就会哗然落地。

除此之外，基金冠军诅咒还有一些原因，比如公募基金经理奔私。由于私募和公募的收入相差甚远，公募基金经理夺冠之后，50%的人都会在3年内离职去私募发展（业界俗称"奔私"）。[1]基金业绩其实是基金经理的业绩，所以基金经理离职基本上意味着原基金业绩的陨落。比如说王亚伟在职期间，华夏大盘精选可谓风光无限，三年内两次拿冠军。但2012年5月王

1　因为在管理公募基金时，做好做坏一个样，都是拿一个相对固定的资产管理费（大约为1.5%）。而管理私募基金时，基金经理的收入和投资业绩直接挂钩，不仅可以拿2%的管理费，如果投资盈利了，还能分享20%的投资收益。对于真正有实力的基金经理而言，私募基金的薪酬机制显然更加有吸引力。

亚伟离职之后这只基金一蹶不振，2013年业绩平淡，2014年更是亏损8.9%，在偏股基金中排名倒数。

除了冠军诅咒外，基金选择还经常会碰到"得奖崇拜"的问题。

"慕名而来"是人类本性。很多小众电影在获奖之前都乏人问津，一旦获得奥斯卡、金球奖，票房就会飙升。中国基金业也有个号称"基金业奥斯卡"的奖项——金牛奖。这是中国证券报与五大机构（银河证券、海通证券、招商证券、上海证券、天相投顾）协同组织，对基金绩效、管理人能力、合规性等多方面进行综合评价的一个评选活动，算是中国基金业比较有公信力的奖项。不少基金在宣传时，会以"金牛奖"作为卖点。

那么，买金牛奖的基金是不是会比买其他基金好呢？我们整理了市场上所有获得过金牛奖的基金后发现，每年获得金牛奖的基金数量还不少：由于金牛奖是分期限、分资产类型进行分项评选的，所以每年有11个奖项，[1] 从2006年到2019年，股票型基金和混合型基金获得金牛奖的基金数量共747只，去掉连续多年获得金牛奖或一年获得多个奖项的基金之后，共有270只不同的基金获得过股票型和混合型基金的金牛奖，占所有基金的9.2%。

1　年度金牛基金有5个奖项（开放式股票型基金、开放式混合型基金、开放式债券型基金、开放式指数型基金、开放式货币市场型基金），三年期持续优胜金牛基金有3个奖项（开放式股票型基金、开放式混合型基金、开放式债券型基金），五年期持续优胜金牛基金有3个奖项（开放式股票型基金、开放式混合型基金、开放式债券型基金），累计11个奖项。

那买基金认准"金牛"是对的选择吗？我们发现，如果在每年买入上一年的金牛奖基金，平均年化收益率为9.31%。与同期沪深300指数5.53%的收益率比较，得奖基金有约4%的超额收益，扣除主动型基金的相关费用后，超额收益率还有2%左右，算是一个中规中矩的成绩。换句话说，从整体上来看，"金牛奖"还算实至名归。

但"整体上实至名归"并不意味着买入个别金牛奖基金是"最优决策"：得奖当年，金牛奖基金的排名大约为同类型基金的前20%，但获奖后的3年，平均业绩排名在50%附近。这个规律很稳健，即使多次获奖也没有太多溢价空间——190只获奖2次以上以及94只获奖3次以上的基金，3年后的平均排名也在50%左右。这意味着，如果买入单个金牛奖基金的话，不一定是"优秀投资"的保证，但它起码可以作为一个"中庸"的指标，投资者掉坑里的概率也比较低。

除了冠军基金、得奖基金外，买基金的时候还有种倾向就是"追爆款"。

法国社会学家古斯塔夫·勒庞（Gustave Le Bon）有本著名的书叫《乌合之众》，说的是群体对个体的"碾压"。人类在人群中天然有趋同的特性，尤其对于那些高度不确定性的事情，更倾向于从众。这件事在基金市场上非常显著：市场行情上涨，就会刺激投资情绪，投资情绪上涨，就会吸引大量资金进入，这就会导致基金被超额认购，或出现在短期内完成认购的现象，爆款基金也由此产生。

那追爆款是不是靠谱呢？我们也做了一点数据分析。

首先是确定"爆款"的定义。一般来说，大幅度的超额认购或者被"秒杀"的基金算是市场热门。基于这个条件，我们将满足"认购份额确认比例[1]<50"或"认购天数=1天"中任何一个条件的都纳入"爆款"行列。根据这个定义，2006年到2020年（截至第3季度）这15年中，共有207只爆款基金。但是这些基金的分布非常不均衡：爆款主要集中在2019—2020年（2年内出现的爆款基金数量基本占15年里的近50%）。2019年26只，2020年前3季度就出现了74只，另外，2007年牛市和2015牛市中也分别出现19只和42只爆款基金。

爆款基金值不值得买呢？为了保证能追踪基金的持续表现，我们只研究了2006年到2018年的107只爆款基金。一个显著的现象是，爆款基金发行后的3年内，在同类产品中的平均排名都在50%左右，并不突出。大约有一半的爆款基金甚至排到了后30%的行列。这意味着，在基金上追"爆款"不是太聪明的选择。

这个道理也并不复杂。爆款基金大多产生于较为确定的牛市行情中。当其成立建仓的时候，往往是市场高点，后续价格滑落是大概率事件。在基金购买行为上，我们看到了和股票市场一样的"追涨杀跌"的情况，在市场行情较热的时候，大家

---

1 认购份额确认比例=基金拟募集规模/实际申购金额*100%

被情绪驱动，蜂拥购买，但在市场行情较低落的时候，股市和基金市场都无人问津。

观察了近几年百度的词频搜索，我们发现，"基金"作为全民热词的两个高峰分别出现在2015年5月31日和2020年7月12日，这两个时间恰好是市场情绪的最高点，也是盛产爆款基金的节点。结果随后A股市场就开始回落：2015年6月后，3个月之内沪深300指数下跌30%；2020年7月12日之后，A股也进入了震荡波动期。

换言之，基金的热销，并不意味着一定有赚钱效应。很多非专业投资者在不了解自身风险偏好与基金特点的情况下，盲目追随爆款，结果往往可能远远不及预期。

从王亚伟到张坤：投资逻辑

2020年，对于基金行业来说，无疑是个具有"拐点"特征的年份：规模、结构、风格都发生了巨大变化。从某种意义上说，这是中国居民资产配置发展阶段演化的必然结果——和基金"长大以后"的烦恼类似，居民财富总量快速增长，但是安全稳定的投资标的并不多，基金成为"你别无选择"的选择。

在之前第二章和第五章的讨论中，我们知道，近半个世纪（甚至更长的时期里），资本的回报率大于经济增长率、劳动收入增长率。这意味着，拥有资产比拥有劳动力要更容易实现财富积累，拉开财富差距。这件事的负面效果当然是社会财富分化加大。但自70年代以来，美国因为养老基金、退休计划等制度的推行，几乎没有储蓄的美国穷人（家庭）也得以间接参与美国股市，分享到了美国企业增长的红利，基金像是这些个体家庭的"白衣骑士"。

在中国，房产在家庭财富中占据了决定性地位，金融资产一直是从属地位。随着2020年城市房价的分化，城市房产限购的推进，货币基金利率水平的快速下降，"基金"等金融资产在中产家庭财富中的重要性开始凸显。我们的调研数据显示，疫情冲击下，在那些大城市、高学历、高认知的个体家庭中，49.2%的家庭加大了在股票和基金上的配置比例，41.8%的家庭维持仓位不动。这波操作也让他们的金融资产平均增值20.4万，家庭总资产在疫情后有了3%的提高。

从投资决策的角度来说，个体选择千人千面，不能一言以蔽之，任何说自己能预测未来涨跌的大多是话术或者骗局。但是我们可以做的是去摸索"规律"——未来5年甚至10年，基金选择上我们是否有可用的方法论？为了避免讨论过于枯燥，我们不妨用两个最知名的明星基金经理来做分析。

王亚伟是21世纪第一个10年中国基金市场上的超级明星，从2005年到2012年，王亚伟旗下的"华夏大盘精选"两度成为市场冠军基金，累积回报率接近1200%，年化收益率达到50%，和巴菲特在20世纪五六十年代的业绩堪有一比。张坤则是最近这10年基金行业"定海神针"般的存在，他的代表作"易方达中小盘"从2012年到2020年第3季度,8年间累积回报率800%,年化收益率接近30%,考虑到过去10年整个市场的低迷状态,张坤确实在稳健和高收益间取得了很好的均衡——如果以2012年为界,王亚伟和张坤是中国股票投资界的两个标志性人物,他们的投资风格和中国的增长模式及市场价值结构有很强的相关性。

我们对王亚伟和张坤管理的两个代表性基金的收益进行了拆解,发现两个人的业绩来源非常不同:王亚伟的超额收益主要来自行业配置,93%的超额收益都可以被行业配置收益所解释。这个从华夏大盘重仓股的组合上也可以看出端倪——王亚伟很少配置市场上最热门的股票,他的持仓和整个行业的重仓有强烈反差。像2006年行业大热门是银行股,但是王亚伟始终没有配置银行股,而是挖掘冷门,上半年配置新能源、军工、食品饮料,下半年则减持估值已经偏高的食品、军工,增持有色、传媒、机械等行业——这些准确的判断使华夏大盘基金当年以154.49%的收益率名列前茅。

张坤的风格非常不一样,他旗下基金的超额收益率中,行业配置和个股选择的贡献率分别为59%和63%,个股选择的占比甚至更高。这和现实中我们的体感非常一致:张坤近年来在上涨幅度很大的食品饮料、医药行业上配置比较多。但是除了选对"赛道"外,他对个股的选择也非常精准,以白酒行业为例,张坤的重仓股有茅台、五粮液、泸州老窖、洋河股份、山西汾酒、水井坊。这些股票都是白酒中的一线股票和热点二线股票，收益率都非常可观。

王亚伟更倾向于换手，而张坤则更像巴菲特的忠实信徒——看中企业实际业绩，并毫不犹豫地长期持有。

这种投资风格和基金经理的个人经历、风险偏好不无相关。但深究一步，这里面其实反映了我们国家增长方式和股权市场的结构性变化。以2012年为分水岭，我们的增长速度从高增长转入中高增长，增速放缓。高增长年代的经济内生动力很强，政策调控节奏比较频繁，反映在股票市场上，就是"普涨普跌"，这也是为什么中国股市之前的R^2非常高，[1]个股信息得不到有效反映的原因。所以王亚伟的"行业赛道"策略是奏效的。

但是到了中高速甚至中速增长年代，那种驱动整个行业普涨的动力减弱，个体企业能力开始分化凸显，反映在股票市场上，就是行业赛道竞争逐渐转向企业竞争。这个时期的投资策略，就需要更多关注"个体"——张坤式的策略在这个阶段的突出表现，则与这个大背景相关。

从这个意义上说，在纸上讨论了十多年的巴菲特式的"价值投资"后，中国股市终于开始逐渐演进到这个阶段。对于个体投资者来说，不管是选择个股还是选择基金，可能需要对这

1　R^2是衡量股价信息含量的经典指标，其含义是股价表现多大程度上可以用市场因素、行业因素以及公司规模等特征解释。当解释程度较高时，表明股票之间同涨同跌的情况较为普遍，股价的信息含量较弱，个股信息有效性较低。

个趋势加以注意。

　　一个人的命运，当然是靠个人的奋斗，但是也和历史的进程密切相关。一个市场的演进，一个投资标的的选择，何尝又不是如此呢？

尾声

敬　你

我敬你满身伤痕还如此认真，山水迢迢还奋不顾身

我敬你万千心碎还深藏一吻，乌云滚滚还走马上任

我敬你泪流成河还如此诚恳，生死茫茫还心怀分寸

——许飞《敬你》

这本关于"分化和选择"的书要到尾声了。

这个尾声，我本来想写如何"寻找中国溢价"——在这样一个存量和分配的时代，在这样一个数字技术加速增长分化的时代，在这样一个零利率负利率资产高波动高风险的时代，中国实在有太多的"溢价"：

增量时代注重效率，追求增长；存量时代注重分配，讲求公平——幸运的是，我们刚越过万元美金社会的门槛，截至2019年仍然保持着6%的中高速增长。即使在2020年全球经济下行的情况下，我们先是不遗余力地控制住了疫情，并在不断的学习中迭代疫情管控的能力，从武汉到北京，到大连到新疆到青岛，每一次局部的风险点都被限制在小范围，这为我们赢得了时间，在第2季度后经济持续恢复，创造了大经济体中唯一一个增长为正的纪录——这是存量时代的"中国增长机会

溢价"。

数字化的巨大冲击使得全球劳动力市场出现极化：大量劳动力密集型的白领和蓝领工作岗位被机器取代，或者陷入高强度、低收入、少保障的泥沼里。中产下沉，底层沦陷，导致社会阶层化越来越明显，引发更大面积的社会摩擦和冲突。幸运的是，迄今为止，中国的劳动力供给仍然丰富，人力成本维持在较低水平。这使得中国的数字化技术进步会更多倾向于机器和劳动的互补，比如快手、抖音等的主播们，生活服务线上平台的骑手们，新媒体小编们，网购平台的客服和快递员们……实际上，这几年中国劳动力市场上被数字化催生出来的新工作岗位的增速远远超过传统产业。截至目前，只要一个人想努力，多少都能在轨道上找到自己的位置——这是数字化进程中的"中国要素禀赋溢价"。

欧美国家的零利率负利率已经不是新闻。财富存量的快速累积，各国政府使用得炉火纯青的货币政策工具，让全球进入了资金水平面上升的年代，尤其2020年大放水之后，天量的资金都在为寻找出路而苦恼。中国近年来的货币政策一直保守克制，即使在2020年的疫情冲击之下，长期国债收益率也一枝独秀，一直维持在较高的水平。结合中国中高位的经济增速，中美经贸摩擦中显示出的产业链的韧性，中国国债可谓是典型的"高收益安全资产"了。

2020年11月9日，美国10年期国债收益率为0.96%，中国10年期国债收益率为3.23%。而在此之前不久，中国财政部在香港市场上发行的10年期美元国债收益率是1.22%。再考虑到人民币长期升值的大趋势，可以预见的是大资金的"用脚投票"——这更是高风险低利率时代的"中国安全资产溢价"。

除了这些，我们还有巨大经济体量的规模溢价、复杂性溢价、完整产业链溢价，等等。

我可以列出一长串的"中国溢价"来结束这本书。

但是2020年立冬这天，走在熙熙攘攘的街上，我想起了这一年中遇见的那些普通人。

6月底我去北京朝阳公园附近找安洋和卢莎做头发。和平时一样，乘着有点摇晃的老景观电梯到三楼，穿过一个小回廊，就是安洋和卢莎的培训学校"Young Space 新空间美发学院"。安洋还是老样子，高大帅气，修饰得一丝不苟。卢莎也和平时一样，娇小精灵，顶着一头万年不变的玫红色短发。唯一不同的是，平时总是熙熙攘攘的课室，人流稀疏了不少，显出几分冷清。

安洋和卢莎是得到App CEO脱不花推荐给我的发型师。他俩在美发界是既高冷又另类的存在。伦敦海龟，TONI&GUY（汤尼英盖，一家著名英国美发公司）中国区的大师级人物，在手艺和审美上近乎挑剔。在TONI&GUY干了11年后，两人搭档出来创业开学校。两个看似新潮的北京土著，骨子里都有强烈的理想主义色彩，要将自己对美的观念输出——安洋觉得

"（美发）是给别人提供更强大自信的行业"，可以帮助他人"将抽象的美具象化"。卢莎更是有北京大姐的实在劲头，"希望毫无保留地教给别人自己的毕生所学"。

所以他俩的教学是慢节奏的，课程"翻台子"不快，影响了收入，但好在口碑不错，也能维持。2020年的疫情却颇不一样——线下美发培训是受损最严重的行业之一，又偏偏碰上房东是日本人，只讲合约不谈交情，第1季度整个北京都处于半封锁状态，学校颗粒未收但房租照缴。这让素来桀骜不驯的两个北京土著分外难受。

"当时（4月份）焦虑失眠，每天睡两个多小时，瘦了10斤"，安洋淡淡地说，我仔细看了看他，确实瘦了，发际线也略有后退。

"那之后呢？"

"死扛，实在没办法了决定转线上教学。"

两个70年代末的"老派时尚人"一直抗拒视频化。但在生存压力下，终于开始尝试线上教学引流，试着自己剪、染、拍、剪辑，还开设免费直播。安洋告诉我，效果显著，7月后到店学员中，有70%—80%是通过抖音转化而来的。

一个最难线上化的行业，两个最抗拒"线上化"的顶尖手艺人，也被时代的浪潮裹挟，开始尽力游向对岸。

前几天朋友圈里看到安洋和卢莎正在杭州的新店里忙活，面容有点疲倦，但是眼神奕奕。想起之前他们说过，疫情后的第一件事就是要想办法去杭州开一家符合自己经营理念的理发店，以经营养教育，补贴北京的"新空间美发学院"——听上去有点心酸，也有点倔强的浪漫。我替他们开心，也有点没有想到，他们行动这么迅速，这样快就将自己的梦想照进了现实。

立冬这天北京气温有点低，经过两幢楼之间时，穿堂风颇刺骨，我下意识裹紧了大衣。旁边一个中年男子经过，手机铃响，居然是小时候街头巷尾传唱的粤语歌《顺流，逆流》——

"不相信未作牺牲竟先可拥有，只相信是靠双手找到我欲求，每一串汗水换每一个成就，从来得失我睇透。"

欧阳明是深圳的一位女摄影师。我是在一位客家女老板的家宴上碰到她的。她短短的男发，腼腆的笑，说是《香帅的北大金融学课》的用户，想给我拍几张照片。那天我几乎是素颜，随便穿件白 T 恤和灰西装。又是用餐间隙赶时间，就在楼顶办公室随手拍了。她和其他摄影师不同，几乎不会"要求"你做各种姿态，而是跟随着你，用镜头去捕捉你。大约 20 分钟时间拍了一组照片，冲洗出来后被团队一致评为"最香帅"的照片，倔强，有点小聪慧，带点男生气质——我简直在照片里读出了那个少年心性的自己。

聊天的时候才知道，每个人都是一个长篇故事。

明是广东茂名农村走出的姑娘，不算科班的摄影师。她开始做平面设计，后来对摄影着了魔，自己通过看图片来理解构图、色彩、创意，经常看到三更半夜，越看越兴奋，想法一股脑儿地往外冒。她的摄影作品和她人一样，朴素天然——她眼里的照片不是"摆设"，而是"捕捉"，所以经常会呈现出一个人很内在的东西。

和很多广东姑娘一样，明有长姐为母的心态。她弟弟患有先天性心脏病，后来因为囊肿做了手术，手术失败后瘫痪在床，她一直将妈妈和弟弟带在身边，多年如一日。有段时间弟弟住院，她就和妈妈在医院铺报纸打地铺照顾弟弟。因为这些缘故，明很能吃苦。但是她不爱抱怨，只是更相信因果，她开始接触慈善，去乡下做义工，给年迈的老兵义务拍照，为他们留下影像资料。

疫情期间摄影也是最受冲击的行业之一。企业居家办公没了活动和会议，个人结婚生日等聚会都少了大半，她的团队几乎停工到 6 月份，收入几乎减少了一半。问她焦虑不，她说焦虑。39 岁了，担心被其他人淘汰，担心被技术淘汰，担心自己体力会跟不上，干不动了。但是——

明笑了起来，仍然是腼腆的，似乎不太好意思表达：

"现在弟弟已经能够自己走路了。这些年弟弟挺受折磨的，不过活着就好，活着就有希望。"

初冬的北京有着晴朗高远的天空。抬头看着耸入云霄的白杨，斑斑驳驳的树干，想起我长沙的初中同学，他们有开餐馆的，在咬牙挺过 3 月后，开始逐渐恢复生机，5、6 月之后还开始到外地寻找机会；他们也有做外贸的，即使在全球隔离最恐慌的时刻，也在有条不紊地安排鞋子的发货，利润再薄，甚至略赔，也要"运转"下去；还有在上海碰到的80后投行MD（managing director，执行董事），戴着口罩，挽着袖子，吃着盒饭，一头扎进郊区的冷库里；还有在深圳上海创业的腾讯老友，也都经历了融资的至暗时刻，也有过无数夜不能寐的脱发夜晚，但是清晨睁眼，仍然会精神奕奕地到达办公室，面对和解决各种问题。

我忽然意识到，在一切的"中国溢价"中，中国百姓才是真正的"中国溢价"。

他们世俗理性，勤劳坚忍。即使遭遇再大的冲击和风浪，他们不会放弃，也不抱怨。他们沉默而坚定地活着。但凡可以用吃苦和劳动来解决的，就自己扛住。即使夜色深笼，只要明天太阳照常升起，他们，她们，就会站起来，拍拍身上的尘土，继续往前走。

在《活着》中，余华说："**没有什么比时间更具说服力了，因为时间无需通知我们就可以改变一切。**"

这个国家的百姓，真的值得被温柔以待。

是为记。

后记　穿越幽暗峡谷

几分钟前，我终于敲上了这本书"尾声"部分的最后一个句号。想起了古人"掷笔长吁"的心情，只恨在这摩登时代，不能泼墨揉纸掷笔，再推门而出，大步而去。

有点出戏了。此刻是2020年初冬凌晨的北京，我蜗居在海淀清河的一间高层公寓里，对着电脑屏幕，蓬头垢面地蜷缩在椅子上，桌上堆着撕得面目全非的饼干包装纸和啃得千疮百孔的鸡爪。外面墨色如漆，星月黯沉。窗缝里都透着寒意，空气里还带着久违了的雾霾的焦煤味。

和前两年相比，入冬以来，今年北京的雾霾天是明显多了。想来也正常，今年这种经济形势，就靠投资在死撑，对河北小钢铁厂多少也得网开一面。毕竟，活下来最重要。还好，已经11月了，这魔幻的一年终于要过去了。

已经热闹了大半年的美国大选也快要接近尾声了，辉瑞制药也传来了巨大利好，说其在大型实验中研发的疫苗阻止了

90%的新冠病毒感染。我一个朋友在小群里没头没脑地来了一句："终于快熬到头了吗？"

总是要熬出头的，不管辉瑞疫苗最后确定的有效性是多少，新冠疫情总归会过去。即使再长再幽暗的峡谷，人类社会总归要穿越并前行。

对我来说，写这本书也像穿越了一次幽暗峡谷。从文献和数据开始，到漫长的调研和资料整理过程，我一次次感受到"分化"的冲击。印象最深的是7月初在深圳，刚调研完农民工就业市场后，又访谈了几位富豪，一天之内接收的信息不断反转和跳跃，将我眼前的世界拆解得支离破碎。那天晚上，我坐在回酒店的车上，看着车窗外闪过的深圳一城如星的繁灯，高楼华厦被灯光折射成巨大的不规则形状，那是我在这本书成稿过程中第一次落下泪来。后来在写作过程中，每每想到不可避免的增长分化的未来，想起历史、现在和未来，好几次没忍住落泪。

但待在原地哭泣总不是解决之道。哭泣之后，作为个体，我们仍然要从自己所在之处出发，竭尽全力去寻找亮光和出路。我在这种明明暗暗起起落落的情绪里过了整整两个月，直到写最后一章时，无数鲜活的普通人的小案例涌向笔尖，我蓦然发现，在长达几个月的调研里，我们访谈的上百名普通的中国百姓，在这样大的一场冲击下，居然从头至尾，没有一个抱怨的，都是淡淡的、平和的，并且勇往直前地生活着。

　　我长吁一口气，感到自己也终于穿越了2020这幽暗的峡谷，并开始期待下一程。

So long Marianne（再见，玛丽安）

it is time we began（是时候开始了）

to cry and laugh and laugh and cry（再一次欢笑，哭泣）

about it all began（哭泣，欢笑）

致　谢

致谢所有的团队成员。

我仍然清晰地记得，子浩第一次在组会上给出"消失的库兹涅茨曲线"和"中国公共财富"这两张图片时，我感受到的战栗，那种知道自己接近"重大且真实"问题时的直觉和激动。我也记得徐远教授斟酌、缓慢且肯定地讲出"分化"这个词语后，组里数秒的静默和突然迸发的欢呼声。我们知道自己找对了方向，在2020年这个历史的拐点上。

我仍然清晰地记得6到7月份，我们分组从杭州、上海、深圳、长沙、北京一路行来，一天数场的访谈和调研后，几个90后的年轻博士、教授挤在餐厅、咖啡厅小桌子上整理笔记讨论的场景。我也记得惠璇、陈靖、菲菲在丽思卡尔顿我房间里聊"中国溢价"聊到深夜的场景，记得佳雯如何在太原、吕梁的街头巷尾寻找"疫情后普通人的生活"，记得小马在上海北京的高铁上忙着"搬砖"的模样，还记得设计财富调研问卷时，靖靖不眠不休的劲头，也记得过去这10多个月里，我们团队几乎没有停止过的思考、研究和讨论。

致谢北京大学博士生陈子浩在第二章，北京工商大学助理教授李惠璇在第三章和第四章，中国农业大学助理教授陈靖在第五章，中央财经大学助理教授朱菲菲以及团队研究员马骋在第六章，团队研究员王佳雯在第七章中的参与和贡献。子浩对财富分化的研究，惠璇对劳动力市场的研究，陈靖对资产价格的研究，以及朱菲菲和马骋对基金业绩的研究，构建了这本书扎实的理论和数据基础。

致谢徐远教授的宏观思路框架，从城市土地房产，到宏观货币政策，再到金融市场，资产价格，汇率波动，所有经济金融现象在一个完整的体系内被重组并结构化。这些年我在这个框架中受益良多。当然更要感谢他的抽象化能力，每每在我如鲠在喉之时一掌击出，解我困厄。

致谢张斌教授在阿那亚寒风中陪我们熬过组会讨论，谢谢他对我提出"研究基金"的诉求，没有这个诉求，也就没有现在的第六章。当然更要恭喜他最新出版的《转型期的宏观经济学》，这本书从初稿到终稿，我读了3遍，画满了条条杠杠，里面有很多内容内化到了我自己的思考框架中。

致谢中央党校郭强教授，他对"分化"的见解是我见过的最深刻和最一针见血的。致谢万科的谭华杰、社科院的朱恒鹏博士和中国人民银行的缪延亮博士，和他们聊天永远是我灵感枯竭或者思路滞碍之时的良药。

致谢峰瑞资本的李丰，他关于数字化的思考驱散了长久笼罩在我身边的迷雾。致谢枫叶出行的投资人梁怿，无微不至地安排我们深圳调研的行程，同时致谢他关于商业本质的思考和讨论，这些讨论让我越来越意识到在一切名词泡沫背后，回到最根本的需求才是最重要的事。

致谢 Young Space 的发型师安洋、染发师卢沙，明尚摄影创始人欧阳明，郑州的理发师琳琳，河狸家美容师贾雨瑶（涂小六），外资车企工程师殷俊龙，黑石的陈宇，北京嘉卉农业科技发展有限公司彭佳佳，台州王松医生，豆黄金张京宝，邻寻社区团购平台负责人，以及上海社群讨论组的同学们（上海市经信委蔡肖峰，外企高管秦琼，华山医院钱海江等），谢谢你们躬身入局，成为我们的故事。

致谢大搜车创始人兼 CEO 姚军红，小马宋战略营销咨询公司的小马宋，时趣互动创始人张锐，河狸家创始人孟醒（雕爷）和仲萍，盒马鲜生成都采购高级经理瞿杰，数感星球的靳志辉，正心谷的林利军，华为集团的 Amy，中国农业银行前海支行的李迅，客家女商人利总、何总，以及湖畔大学的丽娜和张颖……致谢每一次谈话给我的启示。

致谢香港中文大学商学院终身教授岑岭，芝加哥德保罗大学终身教授炎宏军，得到的杨敏，感谢在财富问卷调研部分给予的帮助。

再次致谢罗振宇和脱不花，就像9月份在启发俱乐部讲过的，谢谢你们创造了一个平台来承载思想的市场。谢谢得到团队的白丽丽，刘晓蕊，陈轶男，孙筱颖，吴博。

致谢我的家人，没有你们的爱、鼓励和宽容，我无法坚持到现在。

致谢全球排名最高的中国经济学家，美国哥伦比亚大学的终身教授魏尚进教授给"香帅"这个名字的翻译，Aphrodite(阿芙罗狄蒂)。魏老师说，"Aphrodite = Greek goodness of perfume and love = 香帅"，所以这套20年的系列丛书的英文名是"Aphrodite Wealth Trends"。

致谢所有的你们，耐心地看到这一页，谢谢你们给我机会，一起成长20年。

扫描二维码，订阅《香帅的北大金融学课》

让你站在高处，重新理解财富

图书在版编目（CIP）数据

香帅财富报告：分化时代的财富选择 / 香帅著 . --
北京：新星出版社，2021.1（2021.2重印）
ISBN 978-7-5133-4266-7

Ⅰ. ①香… Ⅱ. ①香… Ⅲ. ①家庭管理－财务管理－
研究报告－中国－2019 Ⅳ. ①F832.48

中国版本图书馆CIP数据核字（2020）第236412号

香帅财富报告 ：分化时代的财富选择

香　帅　著

策划编辑：刘晓蕊
责任编辑：白华昭
营销编辑：龙立恒　longliheng@luojilab.com
　　　　　　王若冰　wangruobing@luojilab.com
封面设计：李　岩
版式设计：热带宇林

出版发行：新星出版社
出 版 人：马汝军
社　　址：北京市西城区车公庄大街丙3号楼　100044
网　　址：www.newstarpress.com
电　　话：010-88310888
传　　真：010-65270449
法律顾问：北京市岳成律师事务所

读者服务：400-0526000　service@luojilab.com
邮购地址：北京市朝阳区华贸商务楼20号楼　100025

印　　刷：北京盛通印刷股份有限公司
开　　本：880mm×1230mm　1/32
印　　张：8
字　　数：153千
版　　次：2021年1月第一版　2021年2月第四次印刷
书　　号：ISBN 978-7-5133-4266-7
定　　价：69.00元
